KB252856
It's the perfect book
for any self-learner.
Spanish

슈퍼스타 스페인어 첫걸음

저자_ 김수진

1판 1쇄 인쇄_ 2015. 12. 15.
1판 1쇄 발행_ 2015. 12. 20.

발행처_ 북커스베르겐
발행인_ 신은영

등록번호_ 제313-2009-217호
등록일자_ 2009. 10. 6.

주소_ 경기도 고양시 일산동구 장항동 742-1 한라밀라트 B동 215호
전화_ 02) 722-6826   팩스_ 031) 911-6486

저작권자 ⓒ 2015 김수진
이 책의 저작권은 저자에게 있습니다. 저자와 출판사의 사전 허락 없이
내용의 전체 또는 일부를 인용하거나 발췌하는 것을 금합니다.

COPYRIGHT ⓒ 2015 by Kim, Soo Jin
All rights reserved including the rights of reproduction
in whole or in part in any form. Printed in KOREA.

값은 표지에 있습니다.
ISBN 978-89-97343-19-5(14770)
       978-89-97343-10-2(세트)

「이 도서의 국립중앙도서관 출판시도서목록(CIP)은 서지정보유통지원시스템 홈페이지
(http://seoji.nl.go.kr)와 국가자료공동목록시스템(http://www.nl.go.kr/kolisnet)에서 이용
하실 수 있습니다. (CIP제어번호: CIP2015033753)」

이메일_ bookersbg@naver.com
북커스베르겐은 **옥당**의 외국어 출판브랜드입니다.

Spanish
Entendemos español.
Practical, Useful and Easy-To-Understand Lessons!
It's the perfect book for any self-learner.
Spanish

인간적으로 좋은 제3외국어 첫걸음 교재에 대하여!

From **basic greetings** and **expressions** to **grammar** and **conversations**!

1. 들어가는 말!

이 책은 바빠서 죽을 것 같지만 그래도 왠지 배워두면
보약이 될 것 같은 제3외국어
(스페어인/프랑스어/독일어/이탈리아)의
초보 학습자 여러분을 위해 특별히 기획되었습니다.

대학 교양강좌와 대한민국 다국어 학습교재의
국가대표급 교수님들이 성의를 꽉 채워
준비한 프로젝트입니다.
답답하고 숨 턱턱 막히는 꼴통 문법서가 아니라

제3외국어 자체에 대한 흥미와 관심이
생활회화, 여행회화 능력으로 곧바로 이어지는
고딴 책입니다.

제3외국어 학습, 궁극의 뿌듯함을 선사하고자
외국어 학습의 비법과 친절함이 똘똘 뭉친 거죠.

2. 그런데 말입니다?

우리가 애정을 가지고, 부담감 없이 친해질 수 있는
외국어는 진심 없는 걸까요?

점수의 대상으로서의 외국어가 아닌
내가 좋아서 시작하고,
가까운 어느 날 나 자신에게 효도하는 그런 외국어,
그리고 배우는 과정 자체가 교양이 되고 희망이 되는
그런 보약 같은 외국어 말입니다.

3. 그래서 준비했습니다!

문법 따로, 회화 따로인 기존의 교재와 완전 다르게
접근했습니다. 방금 배운 문법이 바로 활용 가능한,
그래서 생활회화에 대한 응용력이 생기고,
동시에 조만간 박차고 떠나게 될
유럽여행의 여행회화가
덤으로 해결되는 그야말로 회화 자신감이
만땅 채워지는
정말 제대로 된 스스로 학습서!

대한민국 모든 초보 학습자를 위한 절내 진질,
궁극의 자습서를 말입니다!

【 새로운 시리즈의 결정적 경쟁력! 】

From **basic greetings** and **expressions** to **grammar** and **conversations**!

Practical, **Useful** and **Easy-To-Understand** Lessons!

Learn to understand and speak Languages quickly and easily.

문법의 근본적인 이해능력,
바로 이 부분이 해결되어야
자연스럽게 회화능력이 쌓입니다.

1. 초순식간에 다국어와 친구되기!

그래서 시리즈는 외국어 문법을 이야기의 대상으로
그리고 문법과 사람이야기라는 콘셉트로
설명해드릴 것입니다.

이번 시리즈는 학습자 스스로가 문법구조를
또박또박 짚어가며,
자신의 회화실력을 꾹꾹 눌러 다지는 시스템입니다!
그래서 편안한 마음으로 완전 혼자서 공부할 수 있는
진짜 독습서죠!

2. 불확실성의 앵무새 죽이기!

A:B 대화형식의 문장 외우기는 어디로 튈지 모르는
상대방 대화의 불확실성을 전제로 하고 있습니다.

그렇기 때문에 학습자에게 중요한 것은
어떤 상황에서든 내가 만들어 낼 수 있는 문장생성능력,
그리고 문법의 근본적인 이해능력입니다.
바로 이런 부분들이 해결되어야
자연스럽게 회화능력이 쌓이는 것이고요.

3. 이번 시리즈의 기본 성격!

언어 자체에 대한 상식적인 접근을 전제로 합니다.
영어 또는 우리말 습관과 비교한다든지,
쉽게 외우고, 활용할 수 있는 묘수를 소개합니다

문법책이지만 이야기가 있고, 여유가 있는 책,
문화와 유럽어권 사람의 이야기가 있는
그런 책입니다.
특히 여행회화도 완벽하게 대비되는
다국어 첫걸음 학습서의 진짜 본좌!

1. 이번 시리즈의 목표점!

이번 시리즈의 목표지점에는 언어를 통해
해당 언어권 문화와 사람을 보는 방법이 있습니다.

유럽어라는 잘 만들어진 언어체계를
좀 더 친근하게 분석적으로 접근해 보는 것,
언어 자체에 대한 애정이 쌓여가는 과정이
이번 시리즈의 전체 학습과정이 될 것입니다.

조급해할 필요 없고, 부담도 없이
그저 재미가 탐구되는 언어 학습서가
이번 시리즈의 목표이자 콘셉트입니다.

2. 이번 시리즈의 경쟁력!

여느 문법책과 달리 무 자르듯이 품사별로 나누어
설명하지 않는 이유는
가장 먼저 필요한 요소부터 배우고,
배운 내용만 가지고도 문장생성능력과 회화능력이
곧바로 생길 수 있도록 과를 구성했기 때문입니다.
우리가 언어를 처음 습득할 때의 방식처럼
자주 쓰는 표현, 사용하기 쉬운 표현에 필요한 만큼의
문법을 최우선적으로 소개하고 있습니다.
초소량의 문법으로 최장의 문장을 만들어 내는 것이
우리의 짭짤한 경쟁력입니다!

3. 이번 시리즈, 여행회화는 덤!

이번 시리즈는 문법과 여행회화가
동시에 해결되는 콘셉트로 진행될 것입니다.

이 책에서 배운 것만 가지고도
여행회화가 충분히 해결될 수 있도록
진격할 것이며, 여러분의 유럽어를
귀국길 배낭만큼 빵빵하게 만들어 드릴 것입니다.

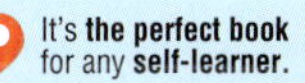

친절한 mp3 청취파일!

대한민국 첫걸음 학습서 역사상 최초로
모든 mp3 파일을 부록 스크립트에서
일련번호로 정리해 제공해드립니다.
이제 필요한 문장만 콕 찍어서
찾아 들을 수 있습니다.
스마트 기기에 mp3 파일을 다운로드 하시고
싱싱한 원어민 발음을 즐겨보십시오!

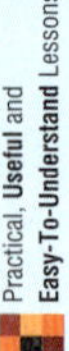

Contents

문법을 지배할 자를 위한
초단기 문법완성 차례!

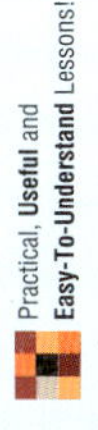

Practical, **Useful** and **Easy-To-Understand** Lessons!

It's the perfect book for any self-learner. *Spanish*

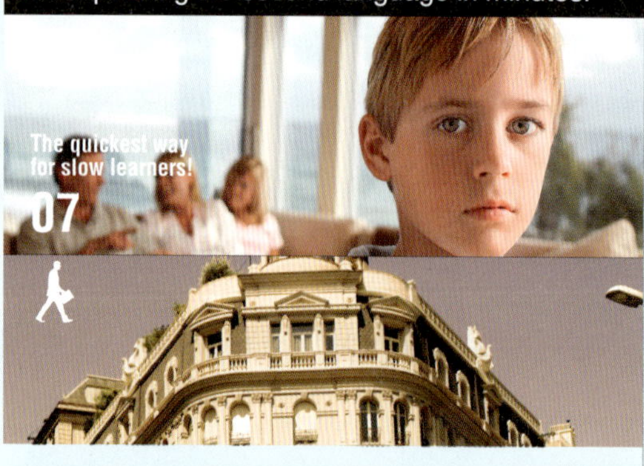
The quickest way for slow learners!
07

The quickest way for slow learners!
08

The quickest way for slow learners!
09

The quickest way for slow learners!
10

Practical, Useful and Easy-To-Understand Lessons!

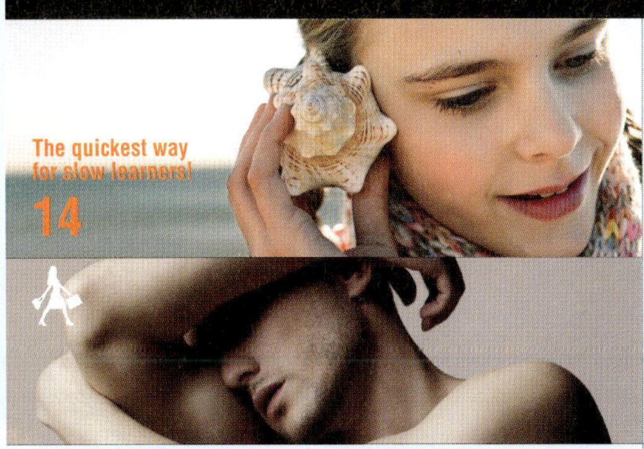

Practical, Useful and Easy-To-Understand Lessons!

It's **the perfect book** for any **self-learner.** Spanish

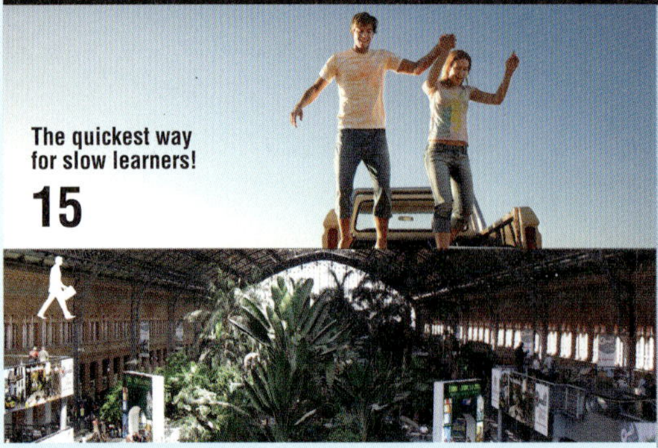
The quickest way for slow learners!
15

The quickest for slow learn
16

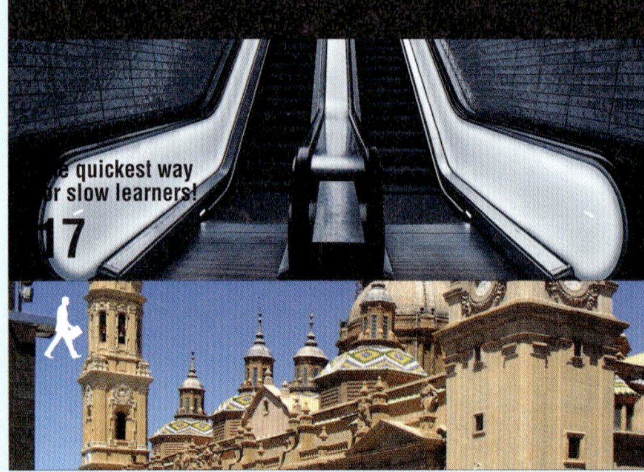
e quickest way r slow learners!
17

The quickest way for slow learners!
18

Practical, Useful and Easy-To-Understand Lessons!

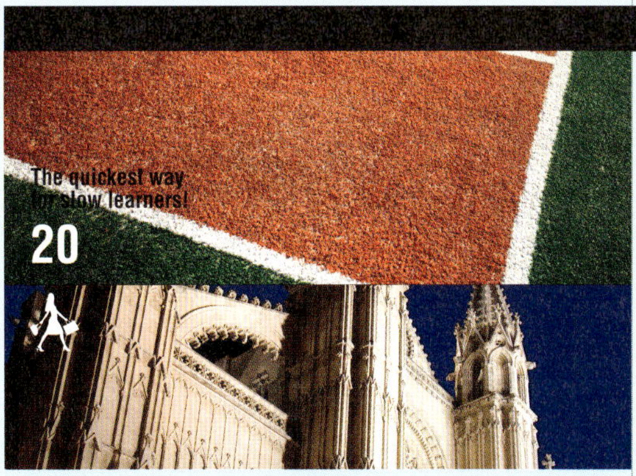

Practical, **Useful** and
Easy-To-Understand Lessons!

It's **the perfect book**
for any **self-learner.**　Spanish

Contents

뜬금 회화능력자를 위한
생활회화 및 여행회화가
해결되는 차례!

Practical, Useful and Easy-To-Understand Lessons!

Practical, **Useful** and **Easy-To-Understand** Lessons!

It's **the perfect book** for any **self-learner.** *spanish*

Capítulo 08. Multi+plus　　114
스페인어가 든든해지는 멀티플러스!

Capítulo 09. Multi+plus　　126
스페인어가 든든해지는 멀티플러스!

Capítulo 10. Multi+plus　　138
스페인어가 든든해지는 멀티플러스!

Capítulo 11. Multi+plus　　150
스페인어가 든든해지는 멀티플러스!

Contents 05

Practical, Useful and Easy-To-Understand Lessons!

Practical, Useful and Easy-To-Understand Lessons!

Capítulo 20. Multi+plus   258
스페인어가 든든해지는 멀티플러스!

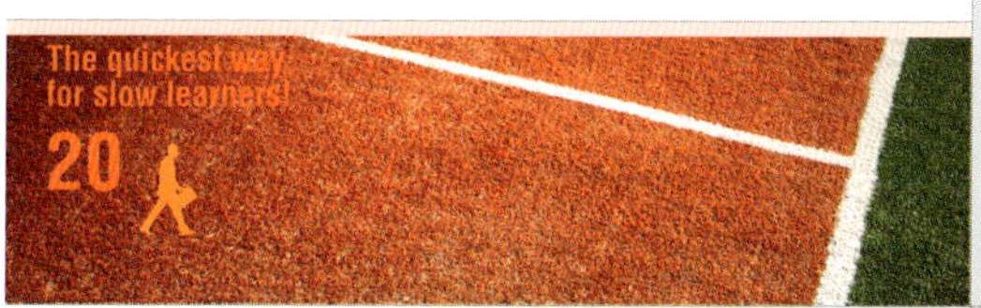

It's **the perfect book**
for any **self-learner.**   *Spanish*

The best and quickest way
to communicate in a new language!
Learn to understand and speak Languages quickly and easily!

01.
Capítulo 01
대박 반갑다, 스페인어 알파벳!
Alfabetos

[알파베또스] 알파벳

스페인어의 문자는 우리가 이미 알고 있는 알파벳 그대로입니다.
문자를 이미 알고 있다는 것은 당장이라도 본격적인 언어학습이 가능하다는 뜻입니다.
자! 그러면 스페인어가 여러분께 이미 얼마나 가까이 나가와 있는지
확인해 보도록 하겠습니다.

Spanish

HOTEL
Alfabetos
It's the perfect book for any self-learner.
From basic greetings and expressions to grammar and conversations.

 1-1. 스페인어의 친척들!

라틴어를 뿌리로 한 스페인어, 프랑스어, 이탈리아어, 포르투갈어 등은 모두 한 식구입니다.
이들을 로망스어라고 하는데요, 포르투갈어/스페인어를 '이베로로망스어',
프랑스어를 '갈로로망스어', 이탈리아어를 '이탈로로망스어'라고 부릅니다.

스페인어가 이베로로망스어인 것은 이베리아 반도 지역의 언어이기 때문입니다.
이들 언어는 서로 엄청나게 닮아서 스페인어 하나만 배우면 프랑스어, 이탈리아어 등은
이웃집에 놀러 가듯 쉽고 편하게 습득할 수 있습니다.
마치 덤으로 얻을 수 있는 마트의 패키지 상품처럼 말입니다. ^0^

 1-2. 스페인어 알파베또!

스페인어 알파벳은 우리가 알고 있는 알파벳 모양 그대로입니다.
이 정도면 이미 알만큼 아는 충분히 친한 문자인 셈이죠.
스페인어 알파벳은 총 27자(모음 5개 + 자음 22개)로 되어 있습니다.
2010년까지만 해도 29개였지만 세계인을 위한 보다 친절하고 편한 언어로의 진화를 위해
스페인 한림원이 **ch** 와 **ll** 를 삭제하고 지금의 27자로 개정했습니다.

결국 모든 알파벳의 모양이 영어와 같고, 스물여섯 개 영어 알파벳에
스페인어의 얼굴 격인 글자 **Ñ ñ** (에녜)만 추가되었다고 생각하시면 됩니다.

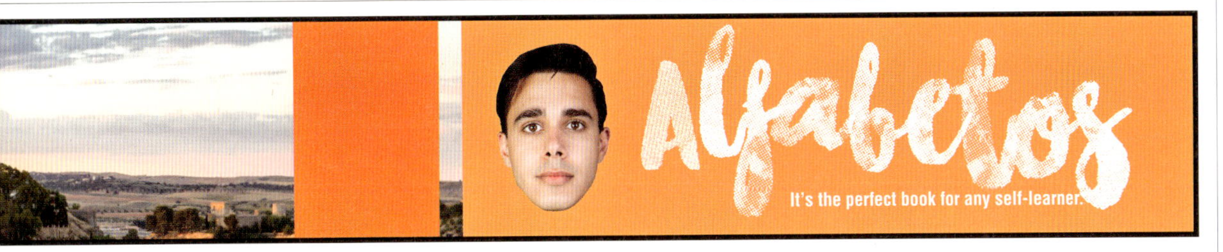

자! 그러면 스페인어를 제대로 읽기 위해 발음법을 배워보겠습니다.
우선 알파벳과 친해져야겠죠? [괄호] 안은 우리말 음가입니다.

A a
아 [ㅏ]

B b
베 [ㅂ]

C c
쎄 [ㄲ/ㅆ]

D d
데 [ㄷ]

E e
에 [ㅔ]

F f
에페 [ㅍ]

G g
헤 [ㄱ/ㅎ]

H h
아체 [묵음]

I i
이 [ㅣ]

J j
호따 [ㅎ]

K k
까 [ㄲ]

L l
엘레 [ㄹ]

M m
에메 [ㅁ]

N n
에네 [ㄴ]

Ñ ñ
에녜 [녜]

O o
오 [ㅗ]

P p
뻬 [ㅃ]

Q q
꾸 [ㄲ]

R r
에레 [ㄹ]

S s
에세 [ㅅ]

T t
떼 [ㄸ]

U u
우 [ㅜ]

V v
우베 [ㅂ]

W w
우베 도블레 [ㅜ]

X x
에끼스 [엑스/ㅎ]

Y y
예 [ㅣ]

Z z
쎄따 [ㅆ]

From **basic greetings** and **expressions** to **grammar** and **conversations**!

1-3. 깔끔한 스페인어 모음들!

스페인어의 모음은 우리가 발성 연습 때 즐겨 부르던 '아에이오우~'
(**A a, E e, I i, O o, U u**), 이렇게 5개입니다.
영어의 **A** 가 [아, 에, 애, 에이, 어 …] 등등 종잡을 수 없는 다양한 소리를 요구했다면
'착한 언어'인 스페인어의 모음은 화끈하게 깔끔합니다.
스페인어 사전에 발음기호가 나오지 않는 이유가 바로 이것이지요.

A **abuelo** **amigo**
[ㅏ] [아부엘로] 할아버지 [아미고] 친구

E **eco** **enero**
[ㅔ] [에꼬] 메아리 [에네로] 1월

I **igual** **interesante**
[ㅣ] [이구알] 같은 [인떼레산떼] 흥미로운

O **oficina** **oro**
[ㅗ] [오피씨나] 사무실 [오로] 황금

U **uno** **uva**
[ㅜ] [우노] 1 [우바] 포도

그리고 **Y** 는 실제로 '반모음' 역할을 합니다.
[ㅣ]의 음가를 갖는 거죠. 쉽게 이야기하면 모음에 '작대기 하나가 더 붙는다'라고
생각하시면 됩니다.

Y **yate** **yo**
[ㅣ] [야떼] 요트 [요] 나

1-4. 친숙한 스페인어 자음들!

스페인어 자음의 대부분은 영어와 같은 소리를 냅니다.
말하자면, 따로 볼 것도 없이 이미 우리와 친숙한 자음들이라는 얘깁니다.
예컨대 **B** (베), **D** (데), **F** (에페), **M** (에메), **N** (에네), **S** (에세), **V** (우베), **X** (에끼스) 등은
그야말로 영어와 똑같다고 보시면 됩니다.

B **bailar**
[ㅂ] [바일라르] 춤추다

D **dinero**
[ㄷ] [디네로] 돈

F **falda**
[ㅍ] [팔다] 치마

M **mamá**
[ㅁ] [마마] 엄마

N **nombre**
[ㄴ] [놈브레] 이름

S **sol**
[ㅅ] [솔] 태양

V **verano**
[ㅂ] [베라노] 여름

X **examen**
[엑스] [엑싸멘] 시험

단, **X** 는 지명이나 국명 표현 시 [히]로 발음되기도 합니다.
(**México** [메히꼬] 멕시코 : 고대 멕시코 왕국에서는 스스로를 '메히꼬'라고 불렀기 때문입니다.)

1-5. 살짝 다른 스페인어 자음들!

물론 일부 다른 발음들도 있지만, 몇 가지 규칙만 익히고 나면
나머지 스페인어 자음 발음 역시 쉽게 정복할 수 있습니다.

❶ 스페인어 자음은 된소리로 발음됩니다.
영어의 **P** [피], **T** [티]는 스페인어에서는 [삐], [띠]로 소리 납니다. '뚜리스따'를
'투리스타'로 발음하면 마치 '미국' 사람이 어설픈 스페인어를 하는 것처럼 들립니다.

P	**pan**	**T**	**turista**
[뻬]	[빤] 빵	[떼]	[뚜리스따] 관광객

❷ **L** (엘레)는 [ㄹ] 소리로 영어와 같습니다.
하지만 2개가 겹치면 발음이 **lla** [야], **lle** [예], **lli** [이], **llo** [요], **llu** [유]가 됩니다.

L	**libro**	**LL**	**lluvia**
[ㄹ]	[리브로] 책		[유비아] 비

❸ **R** (에레) 역시 하나일 때는 [ㄹ]로 발음하지만, 2개가 나란히 오거나
단어 첫머리 혹은 맨 끝에 올 때는 [ㄹ ㄹ…]로 소리 납니다.

R	**río**	**RR**	**ferrocarril**
[ㄹ]	[리오] 강		[페로까릴] 철도

❹ **Z** 는 [씨]로, 일명 '뻔데기' 발음입니다.

Z	**zapato**		**zorro**
[씨]	[싸빠또] 신발		[쏘로] 여우

❺ **H** 는 묵음, 즉 소리가 나지 않습니다.

H	**huevo**		**hermano**
	[우에보] 달걀		[에르마노] 형제

❻ 외래어 표기 때만 쓰는 자음들이 있습니다.
K (까), **W** (우베 도블레)는 원래 스페인어엔 사용하지 않았던 자음들입니다.
때문에 자주 등장하지 않습니다.

K	**Kuwait**	**W**	**whisky**
[ㄲ]	[꾸와이뜨] 쿠웨이트	[ㅜ]	[위스끼] 위스키

Practical, Useful and
Easy-To-Understand Lessons!

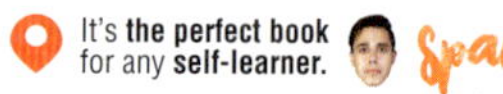

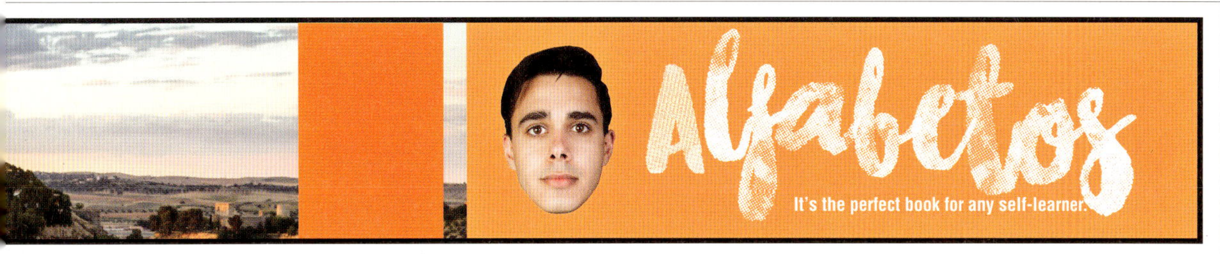

문장을 보는 순간, 외관상 한눈에 구별할 수 있는 스페인어만의 결정적 특징 몇 가지가 있습니다. 먼저 느낌표(!)와 물음표(?)가 그렇습니다. 스페인어에서는 문장 맨 앞에 거꾸로 한 번 더 쓰는 것(¡, ¿)이 특징입니다. 그리고 다음으로는 알파벳 Ñ (에녜)입니다. N 자 위에 물결무늬가 있는 글자입니다. 그밖에 독특하고 개성 강한 스페인어 자음 몇 가지를 소개하겠습니다.

❶ C (쎄)는 **a**, **o**, **u** 와 함께 쓰면 **ca** [까], **co** [꼬], **cu** [꾸]가 되고,
e, **i** 와 만나면 **ce** [쎄], **ci** [씨]가 됩니다.

C　　**casa**　　　　　　**cena**
[ㄲ/ㅆ]　[까사] 집　　　　　[쎄나] 저녁식사

❷ G (헤)는 **ga** [가], **go** [고], **gu** [구]와 **ge** [헤], **gi** [히],
그리고 **gue** [게], **gui** [기]와 **güe** [구에]와 **güi** [구이]로 발음됩니다.

G　　**guante**　　　　　**gente**
[ㄱ/ㅎ]　[구안떼] 장갑　　　　[헨떼] 사람들

　　　guerra　　　　　**pingüino**
　　　[게라] 전쟁　　　　　[삥구이노] 펭귄

❸ 영어와 전혀 다른 발음으로 J (호따) [ㅎ]와, 두 모음 사이에서만 사용하는 Ñ (에녜)가 있습니다. N 자 위에 **tilde** (띨데)라 부르는 물결 모양의 부호가 붙어 있습니다.

J　　**joven**　　　　**Ñ**　　**señora**
[ㅎ]　[호벤] 청년　　　　　　　[세뇨라] 부인

❹ 그리고 끝으로 Q (꾸)는 **que** [께], **qui** [끼]의 경우에만 사용합니다.

Q　　**queso**　　　　　**quizá**
[ㄲ]　[께소] 치즈　　　　　[끼싸] 아마

01+.
Capítulo 01+ Multi Plus
스페인을 아시나요?

스페인에는 역사와 문명을 뒤바꾼 인물들이 바글바글합니다.
무적함대 스페인의 영광은 세계 곳곳에 '스페인 문화'라는 이름으로 족적을 남겼습니다.
그래서 준비했습니다. 스페인어와 친해지는 첫 번째 시간!
스페인 그리고 스페인어와 친해지는 이름들!

1-1+. 마드리드의 스페인어가 레알 표준어!

우리가 배우게 될 스페인어는 '스페인어, 스페니쉬, 에스빠뇰, 까스떼야노' 등의
다양한 이름으로 불립니다. '까스떼야노'라고 불리는 이유는 애초에 스페인 까스띠야 지역에서
탄생한 언어이기 때문입니다.

원래 스페인에서는 중세 왕국시대 이래로 스페인 중부 까스띠야 지방의 까스띠야어,
동쪽의 까딸루냐어, 서쪽의 갈리시아어 그리고 북쪽의 바스크어 등이 사용되었습니다.
그러다가 까스띠야 왕국을 중심으로 오늘의 스페인으로 통일되면서 까스띠야어가 국어가
되었고요. 그러나 아직도 여전히 바르셀로나에서는 '까딸루냐어'가,
서쪽의 갈리시아 지역에서는 포르투갈어의 조상어인 '갈리시아어'가 혼용되고 있습니다.

우리는 콜럼버스가 라틴아메리카에 전파했고 오늘날 전 세계적으로 통용되고 있는
정통 까스띠야어를 배울 것이고요.

Castilla [까스띠야] 까스띠야	**Cataluña** [까딸루냐] 까딸루냐
Galicia [갈리씨아] 갈리시아	**País Vasco** [빠이스 바스꼬] 빠이스 바스꼬
Madrid [마드리드] 마드리드	**Barcelona** [바르셀로나] 바르셀로나

Practical, **Useful** and **Easy-To-Understand** Lessons!

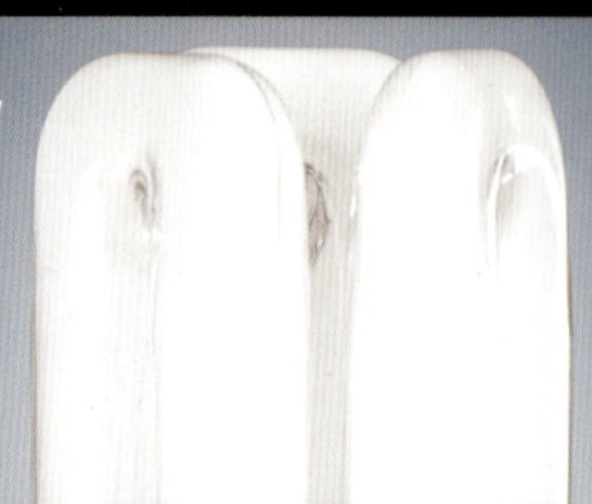

1-2+. 스페니쉬를 빛낸 위인들!

스페인 사람들은 출신 지역에 대한 자부심이 대단합니다.
국가보다도 고향을 더 따지죠. 종종 스페인 사람들의 고집스러운 개인주의적 성향을
꼬집기도 하지만, 반대로 상대에 대한 존중도 남다릅니다.

Miguel de Cervantes

[미구엘 데 쎄르반떼스] 세르반테스

Gabriel García Márquez

[가브리엘 가르씨아 마르께스] 가르시아 마르케스

Mario Vargas Llosa

[마리오 바르가스 요사] 바르가스 요사

Camilo José Cela

[까밀로 호세 쎌라] 호세 셀라

Diego Velázquez

[디에고 벨라스께스] 디에고 벨라스케스

Pablo Picasso

[빠블로 삐까소] 파블로 피카소

Rubén Darío

[루벤 다리오] 루벤 다리오

Salvador Dalí

[살바도르 달리] 살바도르 달리

1-3+. 월드 스페니쉬 스타들!

스페니쉬 피플들은 스페인보다는 스페인어를 중심으로 뭉칩니다.

그래서 중남미의 모든 나라들이 스페인과 끈끈한 연대로 이어져 있고,
개별적으로 강한 개성을 자랑하면서도 스페인어를 중심으로 섬세한 조화를 이루어 냅니다.

Luis Buñuel
[루이스 부뉴엘] 루이스 부뉴엘

Javier Bardem
[하비에르 바르뎀] 하비에르 바르뎀

Lionel Messi
[리오넬 메씨] 리오넬 메시

Xavi Hernández
[사비 에르난네스] 사비 에르난데즈

Pedro Almodóvar
[뻬드로 알모도바르] 페드로 알모도바르

Penélope Cruz
[뻬넬로뻬 끄루스] 페넬로페 크루즈

Iker Casillas
[이께르 까시야스] 이케르 카시야스

La Armada Invencible
[라 아르마다 인벤씨블레] 무적함대

어떠세요? 줄 맞추느라 몇 명만 소개했는데도 그야말로 '빵빵한 라인업' 아닌가요? ㅎㅎ
일단 많이 들어본 이름들이라 발음에 크게 어려움을 느끼진 않으셨을 것입니다.

단! **Llosa** 의 **Llo** [요], **Casillas** 의 **lla** [야], **Joan** 의 **Jo** [호], **Javier** 의 **Ja** [하]
그리고 **Hernández** 의 **He** [에]는 영어와 다르게 발음되고 있는 게 독특하지요.

얘들은 다음 과에서 찬찬히 설명해드릴 테니까 여기선 그냥 눈도장만 찍어주세요~

02.
Capítulo 02
스페인어 발음 완전정복!
Gracias.

[그라씨아스.] 감사합니다.

스페인어를 정확히 읽으려면 '음절'에 대한 이해가 필요하고,
스페인어를 세련되게 구사하려면 '강세'를 알아야 합니다.
이번 시간에 만날 '음절과 강세'는 여러분의 스페인어를
네이티브 뺨치는 수준으로 한 차원 업그레이드해드릴 것입니다.
바야흐로 여러분께서는 스페인어 발음법 완전정복을 목전에 두고 계십니다.

2-1. 스페인어가 21C 대세!

스페인어가 21세기 대세 언어임은 곳곳에서 확인되고 있습니다!
스페인어는 스페인을 비롯해 라틴아메리카 전역(브라질 제외)과 미국 내 히스패닉을 포함하여
전 세계 5억 인구가 사용하는 언어입니다. 미국에서는 스페인어를 못하면 병원이고 변호사고
개업이 불가능할 정도로 중요한 언어이고요. 따져 보면 영어에 이어 사용자 수 기준으로
세계 제2위 공용어가 스페인어입니다. 아울러 **UN** 이 정한 세계 6개 공용어 중의 하나로
'21세기 인류를 대표하는 언어'가 되어있죠.

2-2. 스페인은 열려있다!

로마 문화, 무슬림 문화, 유대 문화 등 역사적으로 이종 문화에 대한 융합력이 대단했던 스페인.
크리스토퍼 콜럼버스 이후에는 중남미 문화의 적극적인 수용으로 화려한 식민시대의 영광을
누렸습니다. 대서양과 지중해를 거느린 '해양국가'답게 스페인 사람들에게는 다양성과 개방성이
있습니다. 태권도, 유도 등 동양무예가 유럽에서도 특히 스페인에서 일찌감치 뿌리내린
배경이기도 하죠. 스페인 사람들의 개방적 기질은 이방인에 대한 친절로 이어집니다.
특히나 스페인어를 하는 사람이면 이미 환대할 준비가 되어 있는 사람들이죠.

2-3. 스페인어 음절로 소리를 만들다!

스페인어를 정확하게 발음하려면 조음(調音) 과정에 대한 이해가 필요합니다.
기본적으로 모음은 혼자서도 소리를 만들어낼 수 있으며, 자음은 모음과의 조화를 통해
소리를 빚어내게 됩니다. 바로 '음절'을 형성하는 것이지요.

음절이란 쉽게 말해서 '한 번에 소리 낼 수 있는 음(音)의 단위'를 말하는데, 음절 자체를
공부하는 것은 큰 의미가 없지만 제대로 된, 진짜 스페인어다운 스페인어를 구사하기
위해서는 어디까지가 한 음절인지 분간할 수 있어야 합니다. 세련된 스페인어를 구사하기
위해서는 정확한 자리에 적절한 강세를 주는 것이 중요하기 때문입니다.

자! 스페인어 '음절의 분해'와 '강세', 시작해 보겠습니다.

❶ 단음절 : 하나의 모음(군)으로 이루어진 단어입니다.

sol
[솔] 태양

fin
[핀] 끝

❷ 다음절 : 모음과 모음 사이에 자음이 올 때는 자음(군) 앞에서 음절의 경계가 형성됩니다.

ca-ma
[까마] 침대

me-sa
[메사] 테이블

can-ción
[깐씨온] 노래

com-pa-ñe-ro
[꼼빠녜로] 동료

❸ 모음이 나란히 올 때는 강약에 따라 음절 규칙이 다르게 적용됩니다.

같은 모음이라도 센 녀석과 약한 녀석이 있는데요, '아/에/이/오/우' 다섯 개 모음 중에서 **a, e, o** 는 강모음, **i, u** 는 약모음입니다. '강모음+강모음'이 만나게 되면 각각의 음절로 분리합니다. 센 녀석들끼리 부딪치면 싸움이 나니까요. ^ㄴ^ 그리고 '강+약'이 어우러지거나 '약+약'이 만나는 경우에는 모두 하나의 모음으로 간주하시면 됩니다. 뭉쳐야 사는 녀석들이죠.

pa-se-o
[빠세오] 산책

po-e-ma
[뽀에마] 시(詩)

ciu-dad
[씨우닷] 도시

rui-se-ñor
[루이세뇨르] 나이팅게일

From **basic greetings** and **expressions** to **grammar** and **conversations!**

 2-4. 스페인어 강세, 세련미를 살리다!

단어 하나하나에 적절하게 떨어지는 강세는 스페인어 특유의 리듬을 만들어 냅니다.
강세는 세련된 스페인어의 증거이기도 하지만, 강세에 따라 어휘의 의미가 달라지는 경우도
있기 때문에 정확한 강세는 필수적입니다.
그래서 너무나 중요한 강세 규칙을 아주 간단하게 정리해봤습니다.

❶ 단어가 자음으로 끝나면 바로 앞의 모음에 강세가 있습니다!

단, **n** 이나 **s** 로 끝나는 경우는 예외입니다.

pa-pel
[빠뻴] 종이

or-de-na-dor
[오르데나도르] 컴퓨터

u-ni-ver-si-dad
[우니베르시닷] 대학교

fe-liz
[펠리스] 행복한

❷ 단어가 모음으로 끝나거나 **n, s** 로 끝나면 뒤에서 두 번째 모음에 강세가 있습니다!

cor-ba-ta
[꼬르바따] 넥타이

i-ma-gen
[이마헨] 이미지

lu-nes
[루네스] 월요일

fal-da
[팔다] 치마

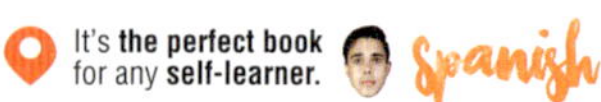

③ 모음이 줄지어 오는 경우에는 나름의 규칙을 적용합니다.

'강모음'과 '강모음'이 만나면 당연히 강모음에 강세(**a, e, o**)! '강모음'과 '약모음' (**i, u**)이 만나도 강모음에 강세! '약모음'과 '약모음'이 만날 경우엔 뒤에 있는 약모음에 강세를 주면 됩니다.

pa-e-lla
[빠에야] 빠에야

pia-no
[삐아노] 피아노

rui-nas
[루이나스] 유적

ta-re-a
[따레아] 과제/일

④ 태어날 때부터 강세 표시(**acento** [아쎈또])를 달고 태어난 어휘들도 있습니다.

(이런 식으로요, **Á á, É é, Í í, Ó ó, Ú ú**) 이런 문자를 포함하면 그냥 그 모음에 강세가 있습니다.

a-zú-car
[아쑤까르] 설탕

co-ra-zón
[꼬라쏜] 심장

mú-si-ca
[무시까] 음악

ár-bol
[아르볼] 나무

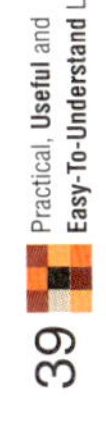

39 Practical, Useful and Easy-To-Understand Lessons!

 ## 2-5. 스페인어 문장부호!

스페인어에서 사용하는 주요 문장부호 몇 가지를 소개해드리겠습니다.
이제 두툼한 소설책도 겁날 것 없습니다. 아~ 이거였구나! 하실 테니까요.

❶ , **coma** [꼬마] 쉼표

❷ . **punto** [뿐또] 마침표

❸ : **dos puntos** [도스 뿐또스] 콜론

❹ ; **punto y coma** [뿐또 이 꼬마] 세미콜론

❺ ¿ ? **signos de interrogación** [시그노스 데 인떼로가씨온] 의문부호

❻ ¡ ! **signos de exclamación** [시그노스 데 엑스끌라마씨온] 느낌표

❼ - **guión** [기온] 대시

❽ < > " " **comillas** [꼬미야스] 인용부호

 ## 2-6. 스페인어 간지나게 리딩!

발음연습 완주 기념 이벤트로 준비했습니다.
이제 여러분은 스페인어를 '한발음' 하시게 되었습니다.
의미는 이 책의 끝에서 다시 확인하기로 하고,
정확하고 세련되게 다음의 문장을 읽어 주십시오.
부록으로 제공된 MP3 파일을 '적극 활용'해주시기 바랍니다!

**Una hermosa tarde de junio, Alicia y su hermana mayor,
Ana, salieron a pasear por un lago cercano.**

**Allí comenzó a leer en voz alta una lección de historia.
Aquello aburría bastante a Alicia, que era una niña llena
de imaginación.**

**Muy pronto se distrajo de la lección jugando con Dina,
su pequeña gatita que le acompañaba siempre a todas partes.**

Lewis Carroll <Alicia en el país de las maravillas>

*** 해석 및 단어정리는 295 page에 있습니다.

 From **basic greetings** and **expressions** to **grammar** and **conversations**!

Multi Plus

Learn to understand and speak Languages quickly and easily!

42

02+.
Capítulo 02+ Multi Plus
인사표현으로 완성하는 스페인어 발음법!

하루에 수도 없이 사용하는 스페인어의 얼굴 같은 표현, '인사말'을 소개합니다.
스페인어 알파벳의 음가를 다시 한번 복습하는 시간이 될 것입니다.

Spanish

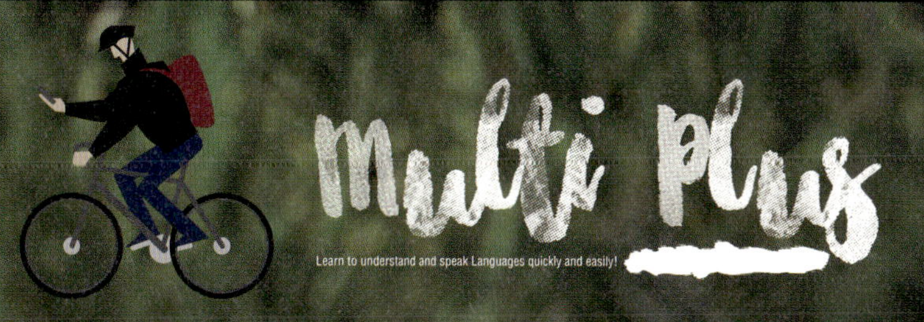

2-1+. 스페인식 살가운 인사 & 대표급 인사표현!

스페인 사람들은 만나면 도스 베소스(**dos besos** : 두 번의 볼키스)를 나눕니다.
살짝 가볍게 포옹을 하며 서로의 양쪽 뺨을 오른쪽 한 번, 왼쪽 한 번 맞대면서
'쪽' 소리를 내는 방식입니다. 정말 살이 맞닿는 레알 살가운 인사법이죠.
자! 묻지도 따지지도 말아야 할 스페인어 인사표현!

❶ 만났을 때 하는 인사

¿Hola?
[올라?] 안녕?

¿Qué tal?
[께 딸?] 안녕? / 안녕하세요?

¿Cómo está?
[꼬모 에스따?] 안녕하세요? (존대어)

❷ 시간에 따른 인사

Buenos días.
[부에노스 디아스.] 안녕하세요! (아침)

Buenas tardes.
[부에나스 따르데스.] 안녕하세요! (낮, 오후)

Buenas noches.
[부에나스 노체스.] 안녕하세요! (해가 진 다음)

❸ 헤어질 때 하는 인사

¡Adiós!
[아디오스!] 안녕!

¡Chao!
[차오!] 안녕!

¡Hasta la vista!
[아스따 라 비스따!] 또 볼 때까지 안녕!

2-2+. 매너 넘치는 스페인어 생활표현!

열정적으로 감사하고, 미안하고, 고맙다는 스페인 사람들. 뭐 그리 고마울 일도 아니고, 미안한 일도 아닌 것 같은데 그야말로 열심히 인사를 합니다. 그래서 준비했습니다. 스페인어 감사와 사과와 부탁의 인사말 베스트!

❶ 스페인어 감사 표현

Gracias.
[그라씨아스.] 감사합니다.

Muchas gracias.
[무차스 그라씨아스.] 대단히 감사합니다.

De nada.

[데 나다.] 천만에요.

2 스페인어 사과 표현

Perdón.

[뻬르돈.] 미안합니다. / 죄송합니다.

Perdóneme.

[뻬르도네메.] 죄송합니다. (존대어)

Está bien.

[에스따 비엔.] 괜찮습니다.

3 스페인어 부탁 표현

Por favor.

[뽀르 파보르.] 부탁합니다. (**Please.**)

Con permiso.

[꼰 뻬르미소.] 실례합니다.

모든 표현은 표정으로 완성됩니다.
어떤 마음, 어떤 느낌으로 전하느냐가 대화에서 가장 중요합니다.
여러분의 스페인어는 처음 시작할 때부터 좋은 표정과 함께 만들어지면 좋겠습니다.

03.
Capítulo 03
진짜 초보 학습자를 위한 '친절한 스페인어 오리엔테이션'
(Yo) Aprendo español.
[(요) 아쁘렌도 에스빠뇰.] 나는 스페인어를 배웁니다.

본격적인 스페인어 학습을 앞둔 여러분께서 스페인어를 좀 더 편안하고 친밀하게
느낄 수 있는 특별한 시간을 준비했습니다. 이름하여 '친절한 스페인어 오리엔테이션'입니다!
스페인어 문법의 대략을 훑을 수 있는 대표적인 4문장을 통해 스페인어의 주요 특성을 미리 만나보시게
될 것입니다. 무엇보다도 이번과는 가벼운 마음으로 한번 후우욱~! 읽고 넘어가는 그런 코너가 되겠습니다!

(Yo) Aprendo español.
It's the perfect book for any self-learner.
Practical, Useful and Easy-to-Understand Lessons!
47

3-1. 스페인 사람들, 똑 부러진다!

스페인 사람들은 스스로 자부심이 강하고, 명예를 중요시합니다.
예절과 매너를 지키는 '젠틀함'이 있고, 상대의 취향은 존중하되 간섭은 하지 않는 '쿨함'이
있습니다. 서양 특유의 개인주의 성향은 있지만 출신 국가보다는 출신지역을 기반으로 한
끈끈함이 더 강합니다. 그럼에도 불구하고 스페인어 아래에서는 모든 스페인어권 나라가
하나가 되는 강력한 유대감도 보여줍니다.

3-2. 스페인어, 납득이 간다!

우리가 알고 있는 기본적인 영어문장과 스페인어 문장을 비교해 보면
무엇이 어떻게 다른지 알 수 있습니다.

I   am   a   Korean.

(Yo) Soy   coreano / coreana.
[(요) 소이 꼬레아노 / 꼬레아나.]
나는 한국 남자/여자입니다.

(**yo** [요] 나, **soy** [소이] ~이다, **coreano / coreana** [꼬레아노 / 꼬레아나] 한국 남자/여자)

❶   먼저 동사입니다.

스페인어 역시 영어와 마찬가지로 '나/너/우리'와 같은 주격인칭대명사에 따라
동사의 형태가 변합니다.

예를 들어, 영어의 **be** 동사가 **am**, **are**, **is** … 등으로 각각 변하듯,
스페인어의 **ser** 동사 역시 1, 2, 3인칭과 단 · 복수에 따라 총 여섯 가지 형태로 변화합니다.

중요한 것은 동사가 인칭별로 특징적인 형태를 가지고 있어서 주어를 생략해도
이해에 문제가 없고, 실제로 대화 중에는 주어를 생략한 채로 말하는 것이 일반적입니다.
결과적으로 같은 의미의 말을 좀 더 짧게 말할 수 있다는 것이죠.

I am …

Yo soy …

(Yo 생략**) Soy**…

[소이 …]

나는 ~이다

You are …

Tú eres …

(Tú 생략**) Eres** …

[에레스 …]

너는 ~이다

❷   다음은 관사입니다.

두 문장을 다시 비교해 보면 영어의 부정관사(**a** / **an**)가 스페인어에서는 사용되고
있지 않습니다. 그렇다고 스페인어에 부정관사가 없는 것은 아닙니다.
관사를 보다 상식적으로 사용할 뿐입니다.
기본적으로 스페인어의 모든 명사는 정관사나 부정관사를 동반합니다. 스페인어 역시
다른 유럽어처럼 잘 발달된 관사(정관사/부정관사) 시스템을 가지고 있습니다.

❸   끝으로 명사입니다.

영어 예문 말미에 등장한 보어 **Korean** 이 스페인어에서는 **coreano** [꼬레아노] /
coreana [꼬레아나]로 구분됩니다.

Practical, Useful and Easy-To-Understand Lessons!

From **basic greetings** and **expressions** to **grammar** and **conversations**!

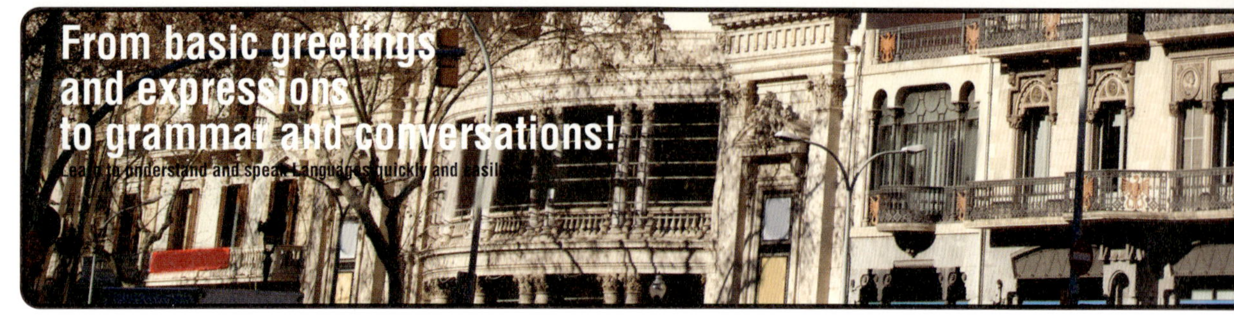

주어가 남성인지 여성인지에 따라 보어도 남성 **coreano** 와 여성 **coreana** 로 구분되는
것이지요. 다시 말해, 스페인어의 모든 명사는 남성과 여성으로 구분됩니다.
스페인어는 명사의 '성'(性)을 무척이나 중요시하는 언어라는 점, 살짝 귀띔해드리겠습니다.
(참고로 이후 모든 명사와 형용사의 남성과 여성형은 **coreano/-a** 처럼 표기하겠습니다.)

그래서 스페인어의 특성을 '3줄요약하면,
스페인어의 동사는 인칭에 따라 변화한다!
스페인어는 관사가 발달되어 있다!
스페인어의 명사는 '성'(性)을 따진다!

3-3. 스페인어 동사, 살아있네!

I	learn	Spanish.
(Yo)	**Aprendo**	**español.**

[(요) 아쁘렌도 에스빠뇰.]
나는 스페인어를 배웁니다.

(**yo** [요] 나, **aprender** [아쁘렌데르] 배우다, **español** [에스빠뇰] 스페인어)

이번에는 스페인어 동사 이야기입니다.
(영어 문장은 **I'm learning Spanish.** 가 맞습니다만, 비교를 위해 위와 같이 표기했습니다.)
영어의 **learn** 은 3인칭의 **learns** 를 제외하고 모든 인칭과 수(단수/복수)에서 **learn** 하나의
형태지만, 스페인어 동사는 인칭에 따라 6가지로 모양이 달라집니다.

(1인칭단수 : **yo aprendo** (나는 배운다), 2인칭단수 : **tú aprendes** (너는 배운다), 3인칭단수 :
él/ella/usted aprende (그/그녀/당신은 배운다), 1인칭복수 : **nosotros aprendemos**
(우리들은 배운다), 2인칭복수 : **vosotros aprendéis** (너희들은 배운다), 3인칭복수 :
ellos/ellas/ustedes aprenden (그들/그녀들/당신들은 배운다))

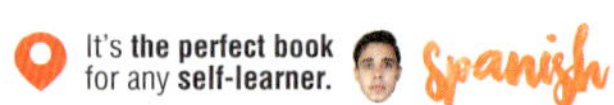

어쩌면 이 대목에서 모두들 '허걱!' 하실지도 모르겠습니다.
영어의 두 개도 머리 아팠는데 여섯 개를?
하지만 동사의 변화를 알면 스페인어 정복이 가까이 왔다는 것입니다.
그만큼 스페인어 학습 전체에서 중요한 부분이라는 것이지요.

게다가 찬찬히 뜯어보면 스페인어 동사변화, 그리 겁낼 것도 아닙니다.
스페인어 동사는 기본적으로 **-ar, -er, -ir** 형태의 세 가지 형태만 존재합니다.
그리고 동사는 '어간+어미'의 구조를 지니고 있고, 동사의 변화에도 기본적인 패턴이 있습니다.
일부 동사가 불규칙한 변화형을 갖기도 하지만 고맙게도 상당수 동사들은 규칙적으로
변화합니다. (동사 **aprender** (배우다)의 어간은 **aprend**, 여기에 인칭별 어미 **-o / -es / -e /
-emos / -éis / -en** 이 각각 붙어서 인칭에 따라 변화시켜 활용합니다.)

그래서 스페인어 동사의 결정적 특징을 '3줄요약'하면,
스페인어의 동사는 인칭별로 어미변화를 반드시 한다!
스페인어의 동사는 규칙동사와 불규칙동사가 있다!
누가 뭐래도 스페인어의 포텐은 동사변화이다!

 ## 3-4. 스페인어 형용사, 뒤를 부탁해!

She   lives in   the pretty house.

Ella   vive   en   la casa bonita.
[에야 비베 엔 라 까사 보니따.]
그녀는 그 예쁜 집에서 삽니다.

(**ella** [에야] 그녀, **vivir** [비비르] 살다, **en** [엔] ~안에, **la casa** [라 까사] 그 집, **bonito/-a** [보니또/따]
아름다운)

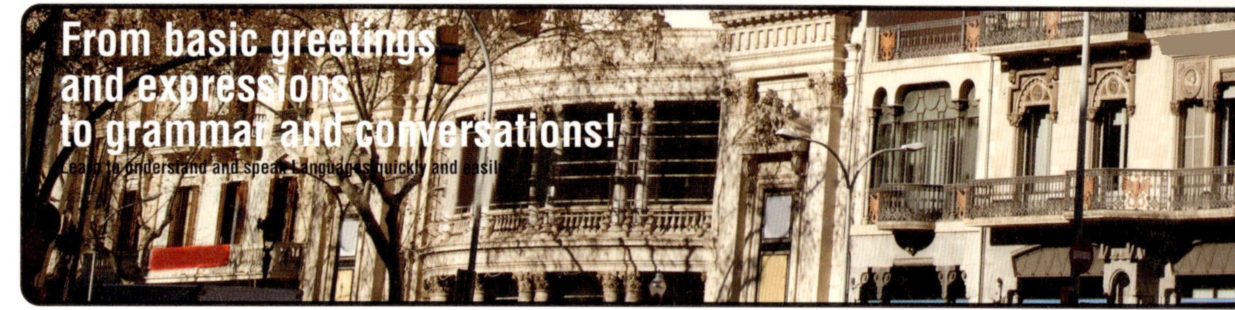

이번에는 스페인어의 형용사입니다.
먼저 예문을 보시면 **vivir** 라는 동사의 3인칭단수는 **-e** 가 붙는다거나,
영어의 전치사 **in** 에 해당하는 것이 **en** 이라는 것을 유추할 수 있습니다.
그러나 이 문장에서 그 무엇보다 우리의 이목을 집중시키는 것은 형용사 **bonita** 의 위치입니다.
영어에서는 형용사 **pretty** 가 명사 **house** 앞에 위치해서 수식하는 것에 비해
스페인어는 **bonita** 가 명사 뒤에 와서, 즉 '후치'하면서 명사를 수식하고 있습니다.

한발 더 나아가서 스페인어 형용사는 명사의 성수에 일치하기 때문에,
여성명사 **la casa** 에 맞춰 형용사 **bonito** 의 어미 **o** 가 **a** 로 바뀌어 있습니다.
(자세한 내용은 제5과에서 설명드립니다.)
그야말로 명사에 충성!하는 형용사입니다.

'야! 동사가 여섯 개라더니, 형용사도 변하냐?!' 하고 역정을 내기보다는
라임 작렬! 랩이 따로 없는 '라임 맞추는 놀이'로 생각하시면
이것이 스페인어의 참맛이 될 수 있습니다.

그래서 스페인어 형용사의 '3줄 요약'은,
스페인어의 형용사는 후치된다!
스페인어의 형용사는 명사와 성수 일치된다!
그래서 스페인어의 형용사는 라임이 있다!

 ## 3-5. 스페인어 어순, 핵심부터 보여준다!

I	can	speak	Spanish.

(Yo) Puedo   hablar   español.

[(요) 뿌에도 아블라르 에스빠뇰.]
나는 스페인어를 말할 수 있습니다.

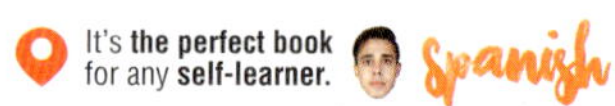

(**yo** [요] 나, **poder** [뽀데르] 할 수 있다, **hablar** [아블라르] 말하다, **español** [에스빠뇰] 스페인어)

마지막으로 어순을 살펴보겠습니다.
스페인어의 어순은 영어처럼 주어 다음에 바로 동사가 위치합니다.
'끝까지 들어봐야 아는' 우리말과 달리 스페인어는 문장의 '핵심'인 동사가
곧바로 등장한다는 것입니다. 특히 웬만하면 주어를 생략하는 스페인어 특성상
가장 중요한 정보가 가장 먼저 나오는 톡특한 어순을 가지고 있습니다.

또한 예문에서 보듯이 조동사를 쓰게 되는 경우에도 영어와 마찬가지로 조동사와 본동사가
나란히 이어 나옵니다. 물론 조동사 뒤의 본동사는 형태변화 없이 원형 그대로 오고요.
영어와 똑같은 셈이죠.

그래서 스페인어 어순의 결정적 특징의 '3줄요약'은!
스페인어의 어순은 주어 다음에 바로 동사가 온다!
스페인어의 주어는 생략될 수 있고, 이렇게 하면 동사가 제일 먼저 나오는 것이 된다!
스페인어의 조동사와 본동사는 나란히 온다!

지금까지 보신 예문들은 스페인어의 기본적이고 변별적인 특징을 한눈에 보여주고 있습니다.
스페인어 완전 초보자라도 이런 기본적인 언어적 특징들을 분석적으로 이해한다면
스페인어 학습의 절반은 성공했다고 보아도 좋습니다.

이제 남은 과제는 이러한 문장의 구조 및 요소들과 더욱 친숙해져 문법의 세부적인
작동원리를 여러분의 것으로 만드는 일입니다.
그리고 원리의 이해를 바탕으로 스페인어 문장 생성능력을 키우는 것입니다.

바로 그 순간까지 여러분, 함께 진격해볼까요!

Practical, **Useful** and
Easy-To-Understand Lessons!

From **basic greetings** and **expressions** to **grammar** and **conversations**!

Multi Plus

Learn to understand and speak Languages quickly and easily!

03+.
Capítulo 03+ Multi Plus
스페인어 여행 준비 0순위는 '숫자읽기'다!

지금 당장 스페인 행 비행기를 타야 한다면, '스페인어 숫자 읽기'를 강력추천합니다.
이제부터 주변의 모든 숫자를 스페인어로 읽어봅시다.

It's the perfect book for any self-learner. Spanish

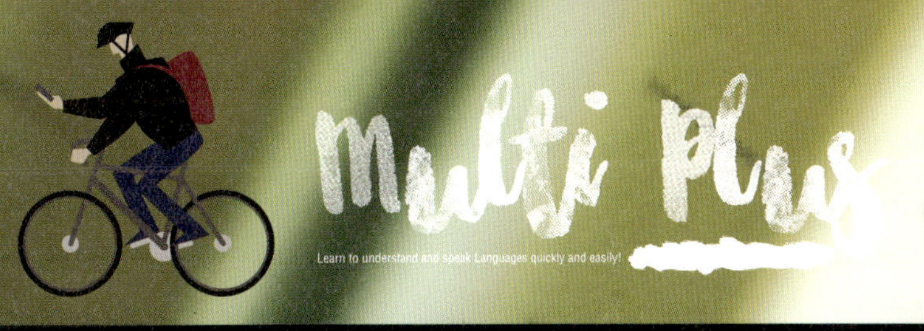

3-1+. 스페인어 숫자세기 1부터 15까지!

외국어를 배울 때 가장 간단하면서 가장 쓰임새가 높은 것이 바로 숫자입니다.
이번 과에서는 스페인어 숫자와 함께 스페인어 발음법 훈련을 마치도록 하겠습니다.
먼저 1부터 15까지 알아보겠습니다.
기본 숫자인 1부터 10까지가 있고, 그리고 나름의 규칙(-ce 로 끝나는)이 있는
11부터 15까지입니다.

uno	[우노] 1		**dos**	[도스] 2
tres	[뜨레스] 3		**cuatro**	[꽈뜨로] 4
cinco	[씽꼬] 5		**seis**	[세이스] 6
siete	[시에떼] 7		**ocho**	[오초] 8
nueve	[누에베] 9		**diez**	[디에스] 10
once	[온쎄] 11		**doce**	[도쎄] 12
trece	[뜨레쎄] 13		**catorce**	[까또르쎄] 14
quince	[낀쎄] 15			

3-2+. 스페인어 숫자세기 16부터 29까지!

이번에는 16부터 29까지 읽어보겠습니다.
이 숫자들은 '10 그리고 6, 10 그리고 7 …'의 방식으로 세기 때문에 아주 규칙적입니다.
16의 경우 원래 **diez y seis** [니에스 이 세이스의 세 단어로 이루어져 있었지만, 이것을 빠르게
읽다보니 [디에스이세이스], [디에스이세이스…], [디에씨세이스로 발음된 것입니다.
따라서 아예 짧게 줄인 단어를 사용하고 있지요. 29까지의 다른 숫자들도 마찬가지입니다.

dieciséis	[디에씨세이스] 16		**diecisiete**	[디에씨시에떼] 17	
dieciocho	[디에씨오초] 18		**diecinueve**	[디에씨누에베] 19	
veinte	[베인떼] 20		**veintiuno**	[베인띠우노] 21	
veintidós	[베인띠도스] 22		**veintitrés**	[베인띠뜨레스] 23	
veinticuatro	[베인띠꽈뜨로] 24		**veinticinco**	[베인띠씽꼬] 25	
veintiséis	[베인띠세이스] 26		**veintisiete**	[베인띠시에떼] 27	
veintiocho	[베인띠오초] 28		**veintinueve**	[베인띠누에베] 29	

3-3+. 스페인어 숫자세기 30부터 99까지!

다음은 30부터 99까지입니다. 먼저 30, 40, 50... 식으로 십 단위를 배워볼까요?

treinta	[뜨레인따] 30		**cuarenta**	[꽈렌따] 40	
cincuenta	[씽꾸엔따] 50		**sesenta**	[세센따] 60	
setenta	[세뗀따] 70		**ochenta**	[오첸따] 80	
noventa	[노벤따] 90				

그리고 다음으로 알아야 할 것이 31부터 99까지의 숫자들인데요, 이 숫자들은 그야말로 공식대로 세면 됩니다. '30 + 1 = 31' 식으로 말입니다. 참고로, 숫자와 숫자 사이에 있는 **y** 는 영어의 **and** 에 해당하는 접속사입니다.

treinta y uno	[뜨레인따 이 우노] 31
treinta y dos	[뜨레인따 이 도스] 32
treinta y tres	[뜨레인따 이 뜨레스] 33
cuarenta y uno	[꽈렌따 이 우노] 41
cuarenta y dos	[꽈렌따 이 도스] 42
cincuenta y ocho	[씽꾸엔따 이 오초] 58
sesenta y cuatro	[세센따 이 꽈뜨로] 64
setenta y seis	[세뗀따 이 세이스] 76
ochenta y cinco	[오첸따 이 씽꼬] 85
noventa y nueve	[노벤따 이 누에베] 99

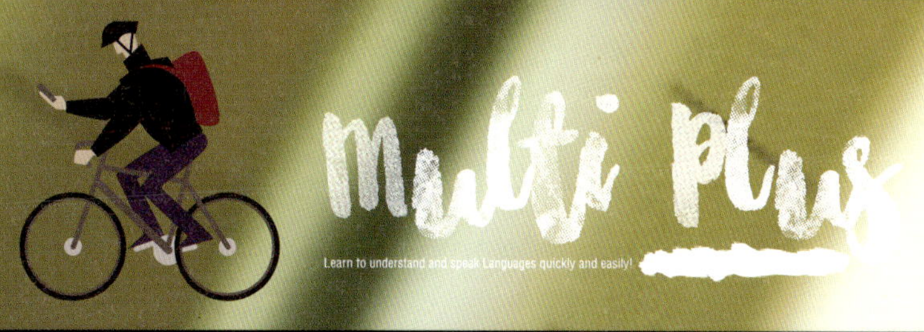

3-4+. 스페인어 숫자세기 100부터 1000까지!

'숫자, 아는 만큼 내 통장잔액이다!'라고 생각하면, 좀 더 달려야 하겠죠?
다음은 백, 천, 만, 억입니다. **cien** (100)은 원래는 **ciento** 에서 **-to** 가 생략된 형태입니다.
'200'은 '백이 두 개', '300'은 '백이 세 개' 식으로 늘어납니다. 다만 '500'과 '700', '900'만 약간 발음을
달리하고 있을 뿐입니다. '백'은 **cien** [씨엔], '천'은 **mil** [밀], '백 만'은 **millón** [미욘], 그리고 '십 억'
은 백 만이 백 개, 즉 **cien millones** [씨엔 미요네스]입니다. (여기서 **millones** 는 백 만인 **millón**
의 복수형임을 눈치채셨겠지요?) 이 정도면 숫자가 제 아무리 커봐야 걱정할 것 없습니다.
우선 백 단위부터 한번 살펴보고 그 다음에 공포의 숫자들에 도전해보기로 하겠습니다.

cien [씨엔] 100	**doscientos** [도스씨엔또스] 200
trescientos [뜨레스씨엔또스] 300	**cuatrocientos** [꽈뜨로씨엔또스] 400
quinientos [끼니엔또스] 500	**seiscientos** [세이스씨엔또스] 600
setecientos [세떼씨엔또스] 700	**ochocientos** [오초씨엔또스] 800
novecientos [노베씨엔또스] 900	
mil [밀] 1,000	
diez mil [디에스 밀] 10,000	
cien mil [씨엔 밀] 100,000	
un millón [운 미욘] 1,000,000	
diez millones [디에스 미요네스] 10,000,000	
cien millones [씨엔 미요네스] 100,000,000	
mil millones [밀 미요네스] 1,000,000,000	

스페인어 숫자를 쓸 때 우리와 다른 점은 우리는 세 단위마다 올라갈 때 ','[꼬마]를 찍지만
스페인어에서는 '.'[뿐띠를 찍습니다. 반대로 소수점을 찍을 때는 역시 반대로 스페인어는
소수 사이에 ','를 찍습니다. 실제로 읽을 때에도 그대로 소리 내 읽고요.

The best and quickest way
to communicate in a new language!
Learn to understand and speak Languages quickly and easily!

El hombre y la mujer

It's the perfect book for any self-learner.

04.
Capítulo 04
스페인어 명사 & 관사, 레알 독특하다!
El hombre y la mujer

[엘 옴브레 이 라 무헤르] 남자 그리고 여자

스페인어 명사가 영어와 결정적으로 다른 이유는 명사에 성(性)이 있다는 것입니다.
모든 명사는 남성명사 아니면 여성명사로 나뉩니다.
그래서 결국 스페인어 명사는 남성, 여성, 단수, 복수의 4가지 형태를 갖게 되고,
그 성과 수에 따라서 관사(정관사/부정관사) 또한 각각 다른 4가지 모양으로 존재합니다.
스페인어에서 '성수 일치'가 그토록 중요한 이유가 바로 여기에 있는 것이죠.

From **basic greetings** and **expressions** to **grammar** and **conversations**!

4-1. 스페인 남자, '잡은 물고기에게 떡밥은 없다!'

스페인의 남자들은 결혼 전에는 간, 쓸개를 세트로 뽑아줄 정도로 여친에게 잘하다가 일단 결혼
을 하게 되면, '누구세요?' 수준으로 시침을 떼는 것으로 유명합니다. 화장실 들어갈 때와 나올 때
가 다른 '세계 지존급 유형'의 남자들이죠. '잡은 물고기에게 더 이상의 떡밥은 없다!'를 외치는 한
국 남정네와 공통되는 부분입니다. ^0^ 그럼에도 불구하고 덤덤하게 은근한 사랑과 신뢰를 잃지
않고, 가족을 지키기 위해서는 물불 안 가리는 화끈한 마초가 바로 스페인 남자들입니다.

4-2. 스페인어 명사와 관사는 이와 잇몸 관계!

스페인어는 특이하게도 모든 명사가 성별을 가지고 있습니다.
스페인어의 모든 명사는 '남성' 또는 '여성'으로 나뉩니다.
그리고 명사 앞에 착! 달라붙어 '단어의 성별을 명시해주는 것'이 바로 스페인어 관사의
주요기능 중 하나입니다. (단 하나의 예외는 '이것은 무엇입니까?' 에서 '이것'에 해당하는
지시대명사만 유일하게 중성입니다.)
스페인어의 관사는 영어와 마찬가지로 정관사(**the**)와 부정관사(**a/an**)으로 나뉩니다.
남성 단수/복수, 여성 단수/복수의 4가지 형태가 존재합니다.
그러니까 스페인어의 관사는 성과 수에 따라 4가지로 다양하게 사용된다는 것이죠.
먼저 각 관사의 생김새부터 살펴볼까요?

❶ 스페인어의 정관사

스페인어 정관사의 4가지 형태는 다음과 같습니다.
기본적으로 영어의 **the** (그)와 쓰임이 같으며, 스페인어 정관사만의 특별한 기능은
모든 명사 앞에 등장해 명사의 성과 수를 알려주는 것입니다.

	단수	복수
남성	**el** [엘]	**los** [로스]
여성	**la** [라]	**las** [라스]

❷ 　　스페인어의 부정관사

스페인어의 부정관사 역시 다음과 같이 4가지 형태입니다.
부정관사는 불특정한 명사의 성과 수를 나타내며, 여럿 중에서 '하나'의 뜻을 나타내기도 합니다.
영어의 **a/an** 과 자주 비교되지만 결정적으로 다른 한 가지 점은 **a** 와 **an** 은 사물이 하나 있을 때,
즉 '단수명사' 앞에서만 사용되지만, 스페인어의 부정관사는 '몇몇의 ~'의 뜻을 가지는
복수형태(**unos/unas**) 또한 존재한다는 것입니다.

	단수	복수
남성	**un** [운]	**unos** [우노스]
여성	**una** [우나]	**unas** [우나스]

자 이렇게 스페인어 정관사&부정관사의 무려 8가지 형태를 알아보았습니다.
영어에 비해 유독 많이 발달된 스페인어의 관사체계가 복잡하게 느껴질 수도 있지만,
너무 겁먹지 마시고 지금은 일단 '그러려니~' 하고 넘어가십시오. 어느 순간 자유자재로 관사를
변화시켜 사용하는 자신을 발견하실 수 있을 것입니다. (참고로 또 다른 유럽어인 독일어는
정관사가 무려 16개랍니다. 이 정도면 스페인어는 참 착한 편이죠. ^ㄴ^)

 ## 4-3. 스페인어 명사의 성별 구분법!

스페인어 관사의 형태를 모두 살펴보았다면 더 이상 두려울 것이 없습니다!
이제 본격적으로 스페인어 '명사의 성'에 대해 살펴보도록 하겠습니다.

❶ 　　다음의 예처럼 사람이나 동물을 칭하는 단어의 경우, 기본적으로 '자연적인 성'을
따르면 됩니다. 예를들어, '남자'인 **hombre** 는 '남성', '여자'인 **mujer** 는 '여성'이 되는 것이지요.

el hombre
[엘 옴브레] 남자

la mujer
[라 무헤르] 여자

el toro
[엘 또로] 수소

la vaca
[라 바까] 암소

From **basic greetings** and **expressions** to **grammar** and **conversations**!

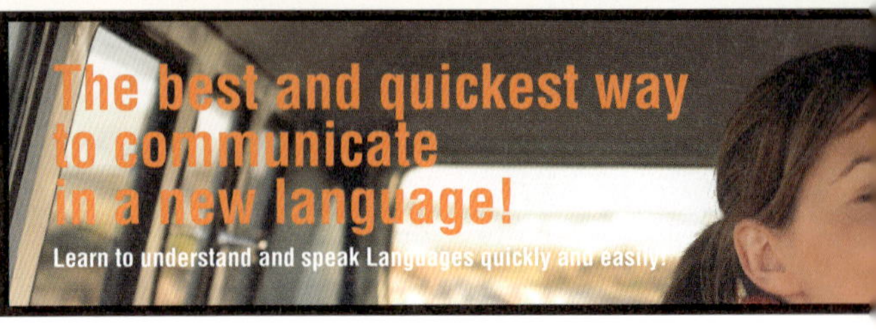

❷　자! 그런데 문제는 자연적으로 성별을 가지지 않는 일반적 사물을 나타내는
단어(명사)의 성별입니다. 예를 들어 스페인어로 커피인 **café** 는 이유 없이 '남성'입니다. ^L^;
이처럼 자연적인 성을 갖고 있지 않은 모든 명사에게 붙여준 성을 '문법적인 성'이라고 합니다.
그리고 이러한 문법적인 성은 명사의 형태를 기준으로 성별을 구분할 수 있습니다.
보통 **-o** 로 끝나는 명사는 '남성', **-a** 로 끝나는 명사는 '여성'으로 나누어 구분합니다.
(물론 소수의 예외도 있습니다.)

el metro
[엘 메뜨로] 지하철

la cama
[라 까마] 침대

el palacio
[엘 빨라씨오] 궁전

la montaña
[라 몬따냐] 산

(이하의 단어 정리에서 남성명사는 **masculino** 의 약자인 **{m}**, 여성명사는 **femenino** 의
약자인 **{f}** 로 표시합니다.)

(예외 : **problema {m}** [쁘로블레마] 문제, **programa {m}** [쁘로그라마] 프로그램, **foto {f}** [포또] 사진,
moto {f} [모또] 오토바이 등)

❸　'자음'으로 끝나는 명사는 대부분이 남성이고, **-ión, -ad, -ie, -umbre** 로 끝나면
100% 여성명사입니다.

el sol
[엘 솔] 태양

la universidad
[라 우니베르시닷] 대학교

la canción
[라 깐씨온] 노래

la costumbre
[라 꼬스뚬브레] 풍습

❹　자연적인 성을 가지는 명사들 중에는 남여성의 형태가 같은 경우도 있습니다. 이때는
관사를 통해 성별을 구분합니다. 어미가 **-e, -ista, -ía** 로 끝나는 단어들이 대표적입니다.

el artista
[엘 아르띠스따] 예술가 (남자)

la artista
[라 아르띠스따] 예술가 (여자)

el cantante
[엘 깐딴떼] 가수 (남자)

la cantante
[라 깐딴떼] 가수 (여자)

앞으로 여러분께서는 스페인어 단어를 공부할 때, '집'은 **casa** [까사]이며, 성별은 '여성'이라는 것을 함께 외워주어야 합니다. 이는 단어를 수식할 때 적절한 형태의 형용사를 사용함에 있어서도 매우 중요한 부분입니다. 이 내용은 다음 '형용사편'에서 좀 더 자세히 다루게 됩니다.

44. 스페인어 남성명사를 여성명사로 바꾸는 법!

고맙게도 스페인어는 자연적인 성별의 남성명사를 여성명사로 바꾸는 독특한 규칙이 있습니다. 몇몇의 규칙만 알면 모든 단어를 성별에 따라 외워야 한다는 부담을 확~ 줄일 수 있습니다.

❶　 **-o** 로 끝나는 자연성의 남성명사의 어미를 **-a** 로 바꾸면 여성명사가 됩니다.
또 -자음으로 끝나는 자연성의 남성명사도 어미에 **-a** 를 붙여주면 여성명사가 됩니다.

el abuelo　➡　**la abuela**
[엘 아부엘로] 할아버지　　　[라 아부엘라] 할머니

el profesor　➡　**la profesora**
[엘 쁘로페소르] 남자 교수　　[라 쁘로페소라] 여자 교수

❷　 애초부터 '남 · 여성명사'가 따로 존재하는 명사들도 있습니다.

el actor　　　　　**la actriz**
[엘 악또르] 남자 배우　　　[라 악뜨리스] 여자 배우

el príncipe　　　　**la princesa**
[엘 쁘린씨뻬] 왕자　　　　[라 쁘린쎄사] 공주

45. 스페인어 명사의 복수 만드는 법!

스페인어 명사의 복수형 만드는 법은 간단합니다.
단수명사에 **-(e)s** 를 붙이면 되는데요, 영어와 쏙 닮았다고 생각하시면 됩니다.

From **basic greetings** and **expressions** to **grammar** and **conversations!**

❶ '모음으로 끝나는 명사'는 **-s** 를 붙여주면 됩니다!

el día ➜ **los días**

[엘 디아] 하루   [로스 디아스] 날들

el hombre ➜ **los hombres**

[엘 옴브레] 남자   [로스 옴브레스] 남자들

❷ '자음으로 끝나는 명사'는 **-es** 를 붙여 줍니다. 그래야 발음이 편하거든요~!

el profesor ➜ **los profesores**

[엘 쁘로페소르] 교수   [로스 쁘로페소레스] 교수들

la ciudad ➜ **las ciudades**

[라 씨우닷] 도시   [라스 씨우다데스] 도시들

단! 주의하실 점은 복수형으로 될 때 강세가 변화하는 몇 개의 명사가 있습니다.

la estación ➜ **las estaciones**

[라 에스따씨온] 역   [라스 에스따씨오네스] 역들

el joven ➜ **los jóvenes**

[엘 호벤] 젊은이   [로스 호베네스] 젊은이들

그리고 그밖에 특별한 복수 형태를 갖는 소수의 명사들이 있습니다.
처음부터 모조리 외울 필요는 없습니다. 일단은 그냥 한번 쓰윽 읽고 지나가 주세요.

❸ 단수 · 복수 형태가 동일한 명사가 있습니다. 단수에서 애초에 끝자리에 **s** 를 달고 있는 명사들이 여기에 속합니다. 단어의 형태는 동일하지만 관사의 복수형으로 구분합니다.

el lunes   **los lunes**

[엘 루네스] 월요일   [로스 루네스] 월요일들

el paraguas   **los paraguas**

[엘 빠라과스] 우산   [로스 빠라과스] 우산들

❹ 항상 복수형만 쓰는 명사가 있습니다.

las gafas
[라스 가파스] 안경

las vacaciones
[라스 바까씨오네스] 휴가

❺ 복수가 되면서 형태가 변화하는 명사들도 있습니다.

el frac ➡ **los fraques**
[엘 프락] 연미복 [로스 프라께스] 연미복들

la voz ➡ **las voces**
[라 보쓰] 목소리 [라스 보쎄스] 목소리들

46. 스페인어 관사와 명사의 라임!

자, 그럼 관사와 명사를 모두 살펴보았으니 스페인어 관사/명사의 라임을 제대로 한번 맞춰볼까요? 여성과 남성, 단수와 복수의 '(부)정관사 + 명사'의 조합을 살펴보면 라임이 제대로 맞아 떨어짐을 확인할 수 있습니다.

el libro ➡ **los libros**
[엘 리브로] 그 책 [로스 리브로스] 그 책들

un libro ➡ **unos libros**
[운 리브로] 한 권의 책 [우노스 리브로스] 몇 권의 책들

la biblioteca ➡ **las bibliotecas**
[라 비블리오떼까] 그 도서관 [라스 비블리오떼까스] 그 도서관들

una biblioteca ➡ **unas bibliotecas**
[우나 비블리오떼까] 하나의 도서관 [우나스 비블리오떼까스] 몇 몇의 도서관들

관사와 명사의 어미가 **-o, -os, -a , -as** 로 정확히 맞춰지는 빌음이 재밌습니다. 라임이 딱딱 맞아 떨어지면서 완벽한 조화를 이루고 있습니다. 완벽한 조화를 통한 아름다운 하모니야말로 스페인어의 절대 특징이죠. (물론 모든 단어가 **-o, -a** 로만 끝나는 것은 아니지만 말입니다.)

From **basic greetings** and **expressions** to **grammar** and **conversations!**

Multi Plus

Learn to understand and speak Languages quickly and easily!

04+.
Capítulo 04+ Multi Plus
스페인어 명사와 좀 더 친해지기!

스페인어 명사에 성이 있다는 사실에 조금 더 익숙해져 볼 시간입니다.
'관사+명사' 형태의 간단한 단어부터 워밍업 시작합니다.

it's the perfect book
for any self-learner.

Spanish

4-1+. 명사 짝꿍 관사, 두 마리 토끼를 한 번에!

명사 앞에 찰싹 달라붙어 다니는 스페인어의 관사.
둘의 궁합을 아주 잘 보여주는 유명한 단어들을 살펴보겠습니다.
'관사+명사'의 조합으로 이루어진 세계적인 스페인어 지명들이 있습니다.
스페인어에서 '관사와 명사'의 관계를 보여주는 좋은 예입니다.

El Salvador

[엘 살바도르] 엘살바도르 (중미에 위치한 미녀들의 나라)

La Paz

[라 빠쓰] 라파즈 (볼리비아의 수도 - 세계에서 가장 높은 해발고도의 수도)

Los Ángeles

[로스 앙헬레스] 로스앤젤레스 (천사들의 도시라 불리는 미국 남부의 대표 도시)

Las Vegas

[라스 베가스] 라스베가스 (카지노로 유명한 미국의 도시)

4-2+. 인터넷 스페인어 사전 보는 방법!

스페인어 모든 명사의 성별을 외울 수 있다면 좋겠지만 결코 쉬운 일이 아닙니다.
효과적인 방법은 스마트폰을 이용해서 온라인 스페인어 사전을 그때그때 검색하는 것입니다.
명사의 성수를 나타내는 간단한 약자들만 알고 있다면, 온라인 사전을 훌륭하게
활용할 수 있습니다.

인터넷 사전의 약자들 : **{n}** 명사, **{nm}** 남성명사, **{nf}** 여성명사, **{mpl}** 남성복수명사, **{fpl}** 여성복수명사

예를들어 사전에서 **ojo** 를 검색해 보겠습니다.

ojo {nm} : 눈 mpl : ojos

ojo 는 남성명사이며, 의미는 눈, 복수형은 **ojos** 라는 뜻입니다.

43+. 스페인어의 직업을 나타내는 명사!

자신을 소개할 때 빠지지 않는 것이 바로 직업에 대한 이야기입니다.
직업과 관련된 스페인어 명사들을 알아보도록 하겠습니다.
스페인어의 직업명은 남녀의 형태가 각각 존재합니다. 기본적으로 남성형은 **-o** 로 끝나고,
여성형은 **-a** 로 끝나며, 예외적으로 특별한 형태도 있습니다.

	남성	여성
엔지니어	**ingeniero** [인헤니에로]	**ingeniera** [인헤니에라]
화가	**pintor** [삔또르]	**pintora** [삔또라]
가수	**cantante** [깐딴떼]	**cantante** [깐딴떼]
배우	**actor** [악또르]	**actriz** [악뜨리스]

스페인어 동사와 함께 직업을 나타내는 문장을 만들어 보겠습니다.
ser 동사 (~이다)를 활용하면 됩니다.
ser 동사의 인칭별 변화형은 **soy / eres / es / somos / sois / son** 입니다.

(**yo** [요] 나, **ella** [에야] 그녀)

Yo soy ingeniero.
[요 소이 인헤니에로.]
나는 엔지니어입니다. (남성)

Ella es actriz.
[에야 에스 악뜨리스.]
그녀는 여배우입니다. (여성)

44+. 스페인어 결정적 한 단어! (긍정/부정 표현)

Sí.
[씨.] 네/응.

¿**Sí?** 하면 '그래/그렇니?' 하며 묻는 말이 됩니다.

No.
[노.] 아니오/아니야.

¿**No?** 하면 '아니야?/아니라고?' 하며 되묻는 표현입니다.

Claro.
[끌라로.] 옳지/맞아.

긍정의 표현이며, '맞아.'라며 맞장구를 칠 때 사용할 수 있습니다.

Falso.
[팔소.] 틀렸어.

05.
Capítulo 05
스페인어 형용사는 후치다!
Las camisas blancas

[라스 까미사스 블랑까스] 그 흰색 셔츠들

'형용사'를 잘 쓰면 맛깔나게 말할 수 있습니다. 형용사는 명사를 수식하는 품사입니다.
명사를 수식하는 형용사이기 때문에 스페인어 형용사는 명사의 성수에 일치해야 하는
점과 특이하게도 명사의 뒤에 위치한다는 특징이 있습니다.
그래서 이번 시간은 독특한 스페인어 형용사의 속사정을 들여다보려 합니다.

las camisas blancas
It's the perfect book for any self-learner.
Practical, Useful and Easy-To-Understand Lessons!

5-1. 스페인 여자, 도도한 나쵸!

스페인 여성들, 콧대 높기로 정평이 났습니다.
애간장을 새까맣게 다 태울 정도로 쉽게 마음을 주지 않는 스페인 여자.
워낙 선명한 이목구비에, 날렵한 몸매, 거기에 자신에 대한 아낌없는 투자까지 더해져
웬만하면 다 'Miss 스페인'입니다. 오늘날에는 어머니, 할머니 세대의 헌신적이고 전통적인
여성상에 독립적이고 세련되고 화려함을 추구하는 현대적 여성상이 뒤섞이면서 묘한 대비를
이루고 있습니다만, 그럼에도 결혼 후에는 남편과 자식, 부모님과 친척에 대한 강한 유대를
보여줍니다. 도도하지만 의리 있는 스페인 여성 특유의 모습이죠~!

5-2. 스페인어 형용사, 명사에 충성하다!

스페인어의 형용사가 영어와 결정적으로 다른 2가지 특징이 있습니다.
하나는 명사를 앞이 아닌 뒤에서 수식한다는 것이고(후치), 또 하나는 명사의 성수에 따라
수식하는 형용사도 그 모양이 달라진다는 것입니다. 일명 '성수일치!', 스페인어는 성수일치를
빼면 시체라고 해도 과언이 아닙니다.

먼저 형용사 '변화시키기'입니다. 형용사는 반드시 수식하는 명사를 주인님으로 모시고
명사의 성과 수에 일치되도록 변화되어야 합니다. 먼저 앞에서 관사가 명사의 '성'에 대한
정보를 전달하고, 뒤에서는 형용사가 명사 주인님을 따라 자신의 형태를 변화시킵니다.
스페인어 형용사는 '-o 로 끝나는 형용사'와 '-o 이외의 철자로 끝나는 형용사',
두 가지로 분류할 수 있습니다.

(**libro {m}** [리브로] 책, **blanco** [블랑꼬] 흰색의, **camisa {f}** [까미사] 셔츠, **grande** [그란데] 큰)

❶   **-o** 로 끝나는 형용사 :

일반적으로 스페인어 형용사의 형태는 보통 **-o** 로 끝납니다.
즉 기본적으로 남성형을 취하고 있습니다. 따라서 여성 명사를 수식하게 될 경우 남성형용사의
어미 **-o** 를 **-a** 로 바꾸어 여성형으로 맞춰주어야 합니다. 이렇게 1단계에서 '성' 문제를 해결했다
면, 다음 단계에서는 '수'를 헤아린 뒤 단수, 복수를 일치시켜야 하고요.

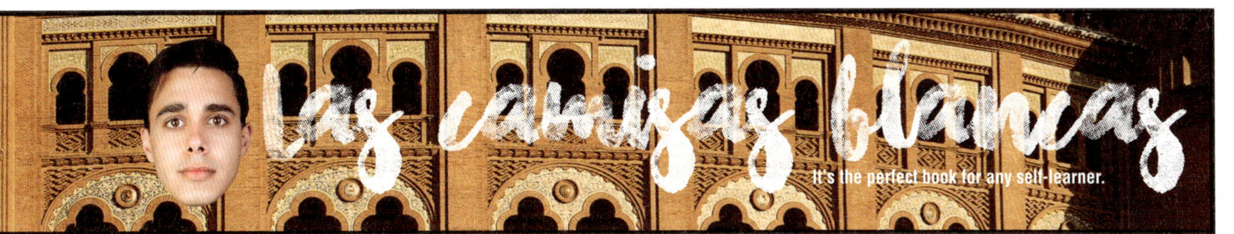

복수로 만들어주는 방법은 명사에서와 똑같습니다.
모음으로 끝나면 **-s** 를, 자음으로 끝나면 **-es** 를 붙여줍니다.

un libro blanco → **unos libros blancos**
[운 리브로 블랑꼬] 하나의 흰색 책   [우노스 리브로스 블랑꼬스] 흰색 책들

el libro blanco → **los libros blancos**
[엘 리브로 블랑꼬] 그 흰색 책   [로스 리브로스 블랑꼬스] 그 흰색 책들

una camisa blanca → **unas camisas blancas**
[우나 까미사 블랑까] 하나의 흰색 셔츠   [우나스 까미사스 블랑까스] 흰색 셔츠들

la camisa blanca → **las camisas blancas**
[라 까미사 블랑까] 그 흰색 셔츠   [라스 까미사스 블랑까스] 그 흰색 셔츠들

❷   **-o** 이외의 철자로 끝나는 형용사 :

-o 이외의 다른 철자로 끝나는 형용사의 경우에는 '성'의 일치는 신경쓸 필요 없고, '수' 만
제대로 일치시키면 됩니다. 실제로 **-o** 이외의 문자로 끝나는 형용사는 대부분 남성형과
여성형의 모양이 같기 때문입니다.

un libro grande → **unos libros grandes**
[운 리브로 그란데] 하나의 큰 책   [우노스 리브로스 그란데스] 큰 책들

el libro grande → **los libros grandes**
[엘 리브로 그란데] 그 큰 책   [로스 리브로스 그란데스] 그 큰 책들

una camisa grande → **unas camisas grandes**
[우나 까미사 그란데] 하나의 큰 셔츠   [우나스 까미사스 그란데스] 큰 셔츠들

la camisa grande → **las camisas grandes**
[라 까미사 그란데] 그 큰 셔츠   [라스 까미사스 그란데스] 그 큰 셔츠들

Practical, Useful and Easy-To-Understand Lessons!

From **basic greetings** and **expressions** to **grammar** and **conversations!**

5-3. 스페인어 형용사, 앞에서 뒤에서!

스페인어 형용사는 주로 명사 뒤에서 수식한다고 했지만, 더러는 앞에서 수식하기도 합니다.
물론 아주 특별한 경우이기는 하지만요.

(**barco {m}** [바르꼬] 배, **antiguo** [안띠구오] 오래된/낡은, **noche {f}** [노체] 밤, **tranquilo** [뜨랑낄로] 고요한, **producto {m}** [쁘로둑또] 제품/물건, **coreano** [꼬레아노] 한국의/한국인의, **flor {f}** [플로르] 꽃, **bonito** [보니또] 예쁜, **blanco** [블랑꼬] 흰색의, **nieve {f}** [니에베] 눈, **dulce** [둘쎄] 달콤한, **miel {f}** [미엘] 꿀)

❶ 기본적으로 품질을 나타내는 모든 형용사는 명사 뒤에 옵니다.
영어나 우리말에서 형용사가 앞에 오는 것과는 반대입니다.
스페인어의 특징 중 하나라고 할 수 있습니다.

un barco antiguo
[운 바르꼬 안띠구오] 하나의 낡은 배

los productos coreanos
[로스 쁘로둑또스 꼬레아노스] 한국 제품들

una noche tranquila
[우나 노체 뜨랑낄라] 고요한 어느 밤

las flores bonitas
[라스 플로레스 보니따스] 예쁜 꽃들

❷ 다만, 타고난 본래의 속성을 나타낼 때에는 형용사가 명사 앞으로 갑니다.

blanca nieve
[블랑까 니에베] 하얀 눈

dulce miel
[둘쎄 미엘] 달콤한 꿀

5-4. 스페인어 형용사, 어미의 탈락!

몇몇 형용사는 '남성 단수명사' 앞에서 어미가 탈락합니다. 탈락하면서 강세가 붙는 경우도
있습니다. **grande** 와 같이 **-de** 로 끝나는 형용사는 남성뿐 아니라 여성 단수명사 앞에서도
-de 가 탈락합니다. 대표적인 것 모두는 다음과 같습니다.

uno [우노] 하나의
primero [쁘리메로] 첫 번째의
alguno [알구노] 어떤

bueno [부에노] 좋은
tercero [떼르쎄로] 세 번째의
ninguno [닝구노] 어떤 것도 아닌

malo [말로] 나쁜
grande [그란데] 큰

(**día {m}** [디아] 날/일, **lugar {m}** [루가르] 장소/곳, **historia {f}** [이스또리아] 역사)

uno [우노] 하나의	➡ **un libro** [운 리브로] 한 권의 책
primero [쁘리메로] 첫째의	➡ **primer día** [쁘리메르 디아] 첫째 날
alguno [알구노] 어떤/어느	➡ **algún lugar** [알군 루가르] 어느 곳
grande [그란데] 큰/위대한	➡ **gran historia** [그란 이스또리아] 위대한 역사

Practical, **Useful** and **Easy-To-Understand** Lessons!

5-5. 스페인어 형용사, 위치가 의미를 바꾼다!

거의 모든 형용사는 명사 뒤에 따라오지만, 강조할 때나 형용사가 여러 개 올 때는 명사 앞에 놓기도 합니다. 다만, 형용사가 위치를 바꿈으로써 의미까지 딜라시는 경우가 종종 있습니다. 예를 들어 **hombre grande** 하면 원래 '덩치 큰 남자'의 뜻이지만 형용사가 명사 앞으로 오게 되면 **gran hombre** 로 **-de** 가 탈락하면서 의미도 '위대한 남자'로 바뀝니다. 이렇게 위치에 따라 의미가 달라지는 형용사가 그리 많지는 않습니다.

(**mujer {f}** [무헤르] 여자, **pobre** [뽀브레] 가난한, **casa {f}** [까사] 집, **hombre {m}** [옴브레] 인류/남자, **nuevo** [누에보] 새로운)

una mujer pobre [우나 무헤르 뽀브레] 가난한 여인	**una pobre mujer** [우나 뽀브레 무헤르] 가엾은 여인
un hombre grande [운 옴브레 그란데] 큰 남자	**un gran hombre** [운 그란 옴브레] 위대한 남자
una casa nueva [우나 까사 누에바] 새로 지은 집	**una nueva casa** [우나 누에바 까사] 새로 이사 간 집

From **basic greetings** and **expressions** to **grammar** and **conversations**!

5-6. 스페인어의 지시형용사!

스페인어의 '지시사'(이/그/저)는 '지시형용사'와 '지시대명사'로 나눌 수 있습니다.
지시형용사는 명사를 수식하는 일종의 형용사이어서 명사의 성수에 따라
각각 4가지씩 존재합니다.

	단수(남/여)	복수(남/여)
이	**este / esta** [에스떼 / 에스따]	**estos / estas** [에스또스 / 에스따스]
그	**ese / esa** [에쎄 / 에싸]	**esos / esas** [에쏘스 / 에싸스]
저	**aquel / aquella** [아깰 / 아께야]	**aquellos / aquellas** [아께요스 / 아께야스]

'이'는 말하는 나 자신, 즉 '화자'에게 가까이 있는 것을 가리킬 때, '그'는 듣는 '청자'에게 가까이
있는 것을 가리킬 때, 그리고 '저'는 화자/청자 모두에게서 멀리 떨어져 있는 것을 가리킬 때
사용합니다.

(**teléfono {m}** [뗄레포노] 전화기, **falda {f}** [팔다] 치마, **árbol {m}** [아르볼] 나무, **manzana {f}** [만싸나] 사과, **reloj {m}** [렐로흐] 시계, **tienda {f}** [띠엔다] 상점)

❶ **este teléfono**
[에스떼 뗄레포노] 이 전화기

estos teléfonos
[에스또스 뗄레포노스] 이 전화기들

esta falda
[에스따 팔다] 이 치마

estas faldas
[에스따스 팔다스] 이 치마들

❷ **ese árbol**
[에쎄 아르볼] 그 나무

esos árboles
[에쏘스 아르볼레스] 그 나무들

esa manzana
[에싸 만싸나] 그 사과

esas manzanas
[에싸스 만싸나스] 그 사과들

❸ **aquel reloj**
[아깰 렐로흐] 저 시계

aquellos relojes
[아께요스 렐로헤스] 저 시계들

aquella tienda
[아께야 띠엔다] 저 상점

aquellas tiendas
[아께야스 띠엔다스] 저 상점들

 ## 5-7. 스페인어 지시형용사, 완벽 라임!

스페인어의 라임! '성수일치'에 따른 어미변화가 빚어낸 극도로 정교한 예술입니다.
중요한 것은 굳이 외우지 않더라도 어느 정도 연습을 통해 입에 익으면 처음 보는 단어라
할지라도 충분히 유추가 가능해 별 무리 없이 라임을 맞출 수 있다는 것입니다.
문법을 따져가며 말하는 것이 아니라 자연스럽게 말하다 보면 절로 딱딱 들어맞게 된다는 거죠.
약간의 노력과, 그것보다 '쪼끔' 더 큰 스페인어에 대한 애정이면 단박에 해결될 문제입니다.

(**corto** [꼬르또] 짧은, **alto** [알또] (키가) 큰, **fresco** [프레스꼬] 싱싱한, **lujoso** [루호소] 호화로운,
precioso [쁘레씨오소] 소중한)

este teléfono antiguo
[에스떼 뗄레포노 안띠구오] 이 낡은 전화기

estas faldas cortas
[에스따스 팔다스 꼬르따스] 이 짧은 치마들

ese árbol alto
[에쎄 아르볼 알또] 그 키 큰 나무

esas manzanas frescas
[에싸스 만싸나스 프레스까스] 그 싱싱한 사과들

aquella tienda lujosa
[아께야 띠엔다 루호사] 저 호화로운 상점

aquellos relojes preciosos
[아께요스 렐로헤스 쁘레씨오소스] 저 소중한 시계들

multi plus

Learn to understand and speak Languages quickly and easily!

05+.
Capítulo 05+ Multi Plus
스페인어 형용사와 좀 더 친해지기!

스페인어 형용사는 명사에 따라 민감하게 반응합니다.
명사가 어떻게 변화하든 그 특성을 그대로 나타내려고 노력하는 '명사 따라쟁이'입니다.
형용사를 알면 스페인어 표현이 훨씬 다채로워집니다.

It's the perfect book for any self-learner. *spanish*

5-1+. 형용사로 사람들의 성격을 묘사하자!

스페인어 형용사를 알면 사람들의 성격을 묘사할 수 있습니다.
스페인어 형용사는 명사에 성수를 일치시킨다는 점, 항상 기억해주십시오.

(**ser** [세르] ~이다, **y** [이] 그리고, **activo/-a** [악띠보/바] 활발한, **tímido/-a** [띠미도/다] 소심한, **gra-cioso/-a** [그라씨오소/사] 유머러스한)

ser : soy / eres / es / somos / sois / son

Clara es activa.
[끌라라 에스 악띠바.] 끌라라는 활발합니다.

Clara y Julia son tímidas.
[끌라라 이 훌리아 손 띠미다스.] 끌라라와 훌리아는 소심합니다.

Juan es gracioso.
[후안 에스 그라씨오소.] 후안은 유머러스합니다.

Juan y Ana son graciosos.
[후안 이 아나 손 그라씨오소스.] 후안과 아나는 유머러스합니다.

5-2+. 형용사 **bueno** 가 들어있는 '좋은' 표현!

형용사 **bueno/-a** 는 영어의 '**good**' 즉 '좋은'의 뜻을 가진 형용사입니다.
스페인어에는 **bueno** 가 들어있는 좋은 인사표현들이 많이 있습니다.
다른 형용사들과는 다르게 주로 '명사의 앞에 놓이는 것이 특징이고,
명사의 성수에 따라 **buen** (남성단수명사 앞), **bueno(s)**, **buena(s)** 로 변화됩니다.
인사는 그냥 인사입니다. 문법을 따지기보다는 통째로 기억하는 것이 좋습니다.

¡Buena idea!

[부에나 이데아!] 좋은 생각이야!

¡Buena suerte!

[부에나 수에르떼!] 행운을 빌어!

¡Buen viaje!

[부엔 비아헤!] 좋은 여행 되시기를!

¡Buen provecho!

[부엔 쁘로베초!] 맛있게 드세요!

5-3+. 스페인어 생생 생활표현!

곧바로 언제든지 사용할 수 있는 꿀같은 생활표현 몇 가지를 소개합니다.

❶ 축하 표현!

¡Felicidades!
[펠리씨다데스!] 축하해!

¡Muchas Felicidades!
[무차스 펠리씨다데스!] 많이 축하해!

❷ 건배 표현!

¡Salud!
[살룻!] 건배!

¡Chin Chin!
[친 친!] 건배!

❸ 도움을 청할 때!

¡Ayuda!
[아유다!] 도와주세요!

¡Emergencia!
[에메르헨씨아!] 비상입니다!

Practical, **Useful** and Easy-To-Understand Lessons!

06.
Capítulo 06
스페인어 주격인칭대명사와 동사 ser & estar
Yo soy estudiante.

[요 소이 에스뚜디안떼.] 나는 학생입니다.

'주격인칭대명사'란 문장의 주어를 차지하는 '나/너/우리…' 등을 말합니다.
이번 과에서는 문장의 주인인 주격인칭대명사와 함께 활용하여
간단한 문장들을 만들 수 있는 스페인어의 가장 기본적인 동사,
ser [세르]와 **estar** [에스따르] 동사(영어의 **be** 동사에 해당하는)를 만나보겠습니다.

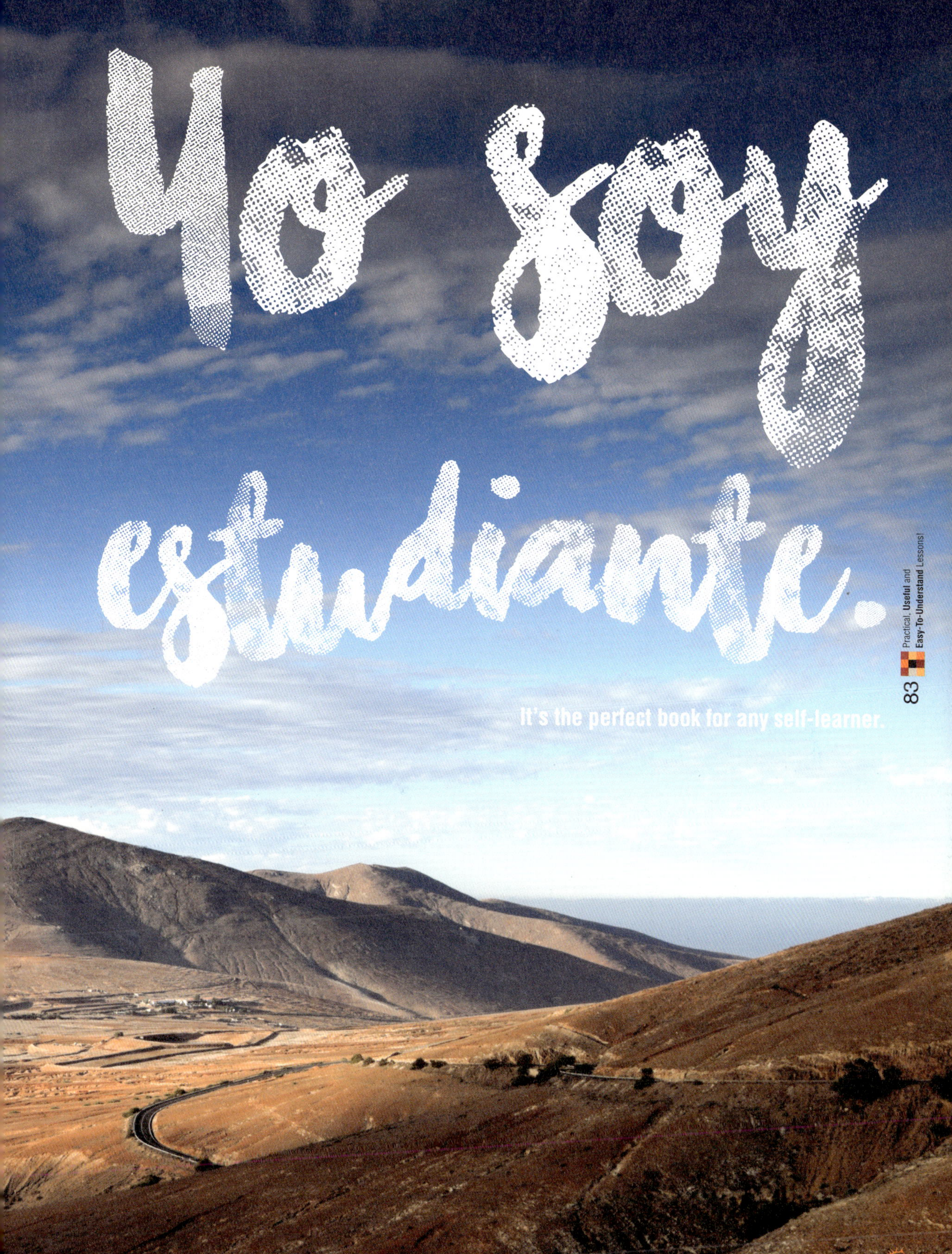
Yo soy
estudiante.
It's the perfect book for any self-learner.
Practical, Useful and
Easy-To-Understand Lessons!
83
From basic greetings and expressions, to grammar and conversations!

 ## 6-1. 스페인 아줌마들!

스페인 아줌마들 참 별납니다.
특히 아줌마들의 수다, 정말 유명합니다. 대낮 집 앞에서, 동네 쁠라사 마요르(중앙광장)에서
삼삼오오 모여서 시시콜콜 나누는 대화는 거의 맞장토론, 끝장토론 수준으로 길고도 깊습니다.
또한 우리네 어머님들이 그러셨던 것처럼 스페인 아줌마들도 집안 청소에 한목숨 거십니다.
그야말로 파리가 미끄러지도록 반질반질하게 닦고 청소하죠. 뿐만 아닙니다. 그녀들의 교육열,
역시 장난이 아닙니다. 맹모삼천지교는 우리만의 이야기가 아님을 그녀들을 보며 느낄 수
있습니다. 바로 이런 부분들이 우리에게 스페인 아줌마가 낯설지 않은 이유입니다.

 ## 6-2. 스페인어의 주격인칭대명사!

이제 본격적으로 스페인어의 주격인칭대명사를 만나 보겠습니다.
주격인칭대명사는 문장에서 주어 노릇을 하는 문장의 주인공이죠.
한번 소리 내어 쭈욱~! 읽어보시되, 강세 표시에 유의해주십시오.
스페인어에서는 강세에 따른 의미 차이가 크기 때문입니다.

	단수	복수
1인칭	**yo** [요] 나	**nosotros / nosotras** [노소뜨로스/노소뜨라스] 우리들 (남/여)
2인칭	**tú** [뚜] 너	**vosotros / vosotras** [보소뜨로스/보소뜨라스] 너희들 (남/여)
3인칭	**él / ella** [엘/에야] 그/그녀	**ellos / ellas** [에요스/에야스] 그/그녀들
존칭	**usted** [우스뗏] 당신	**ustedes** [우스떼데스] 당신들

❶ **yo** [요] (나)는 영어의 **I** 가 항상 대문자로 표기하는 것과 달리 문장 첫머리에 나올 때가 아니라면 다른 인칭대명사와 마찬가지로 소문자로 표기합니다. 영어에 비해 스페인어는 좀 더 겸손한 언어라고 할까요?!

1인칭 복수형은 **nosotros** [노소뜨로스] (우리들-남자) / **nosotras** [노소뜨라스] (우리들-여자)입니다. '우리들'이 모두 남자이거나 남자가 딱 한 명만 끼어있어도 **nosotros** 를 사용하며, '우리들'이 모두 여자일 경우에만 **nosotras** 를 씁니다.

❷ **tú** [뚜] (너)는 나이의 많고 적음과 상관없이 친밀한 사이에서 부담 없이 사용합니다. 일부 라틴아메리카 지역에서는 **tú** 대신 **vos** [보스]를 사용하기도 합니다만, 본서에서는 **tú** 를 사용합니다. 2인칭 복수형은 **vosotros** [보소뜨로스] (너희들-남자) / **vosotras** [보소뜨라스] (너희들-여자)입니다. 마찬가지로 '너희들'이 모두 여자일 경우에만 **vosotros** 를 씁니다.

❸ **él** [엘] (그) / **ella** [에야] (그녀)의 복수형은 **ellos** [에요스] (그들) / **ellas** [에야스] (그녀들)입니다. **él, ella, ellos, ellas** 는 때때로 의인화된 사물을 지칭하기도 합니다.

❹ **usted** [우스뗏] (당신)의 복수형은 **ustedes** [우스떼데스] (당신들, 여러분)입니다. **usted** 은 **tú** (너)의 존칭형으로서 나이와 상관없이 존대해야 할 대상, 공적인 관계의 사람, 낯선 사람에게 사용합니다. 글로 쓸 때에는 약자로 표기하기도 하지만 (**usted = Ud.** / **ustedes = Uds.**) 약어로 썼다 하더라도 읽을 때만은 **usted, ustedes** 로 읽어야 합니다.

또한 '당신'은 '너'와 같이 나의 상대방을 뜻하므로 의미상 2인칭에 해당되지만 문법적으로는 3인칭으로 구분하기 때문에 동사 변화형태가 **él / ella** (그/그녀)와 동일합니다. (따라서 지금부터 3인칭 주격인칭대명사는 편의상 **él / ella / Ud.** 또는 **ellos / ellas / Uds.** 로 병기하겠습니다.)

From **basic greetings** and **expressions** to **grammar** and **conversations!**

6-3. 스페인어의 간판급 동사, ser 와 estar

자! 이제 슬슬 워밍업을 끝내고 바로 앞에서 배운 인칭대명사를 활용해보기 위해 스페인어의 대표동사~!, 영어의 **be** 동사에 해당하는 동사의 지존! **ser** 동사와 **estar** 동사를 살펴보겠습니다!

영어의 **be** 동사가 '~이다', '~있다'의 뜻 모두로 쓰이는데 비해, 스페인어에서는 두 개의 동사가 그 임무를 분담합니다. '~이다'에는 **ser** 동사를, '~있다'에는 **estar** 동사를 사용하는 것이지요.

아울러 원형인 **be** 동사가 **I am, You are, He is …** 처럼 인칭에 따라 변화하듯 스페인어의 **ser** 동사와 **estar** 동사 역시 모양이 인칭에 따라 제각각인 대표적인 '불규칙동사'입니다.

❶ **ser** 동사 :

ser [세르] 동사의 인칭별 변화형은 다음과 같습니다.

단수	복수
yo soy [요 소이] 나는 ~ 이다	**nosotros somos** [노소뜨로스 소모스] 우리들은 ~ 이다
tú eres [뚜 에레스] 너는 ~ 이다	**vosotros sois** [보소뜨로스 소이스] 너희들은 ~ 이다
él/ella/Ud. es [엘/에야/우스뗏 에스] 그/그녀/당신은 ~ 이다	**ellos/ellas/Uds. son** [에요스/에야스/우스떼데스 손] 그들/그녀들/당신들은 ~ 이다

ser 동사는 '(무엇)이다', '(어떠)하다'로 해석되며, 웬만해서는 변치 않는 '본질적 속성/정체성/신분/직업' 그리고 '불변의 진리/시간/요일/수량/가격' 등을 나타냅니다.

(**corbata {f}** [꼬르바따] 넥타이, **estudiante {m,f}** [에스뚜디안떼] 학생, **bonito** [보니또] 예쁜, **alegre** [알레그레] 쾌활한, **planeta {m}** [쁠라네따] 지구, **redondo** [레돈도] 둥근, **hoy** [오이] 오늘, **lunes {m}** [루네스] 월요일, **diez** [디에스] 10의)

Esto es una corbata.

[에스또 에스 우나 꼬르바따.] 이것은 넥타이입니다. (정의)

Yo soy estudiante.

[요 소이 에스뚜디안떼.] 나는 학생입니다. (신분/직업)

Ella es bonita y alegre.

[에야 에스 보니따 이 알레그레.] 그녀는 예쁘고 쾌활합니다. (외모/성격)

El planeta es redondo.

[엘 쁠라네따 에스 레돈도.] 지구는 둥글다. (불변의 진리)

Hoy es lunes.

[오이 에스 루네스.] 오늘은 월요일입니다. (요일)

Son 10 euros.

[손 디에스 에우로스.] 10 유로입니다. (가격)

아울러 'ser + de [데] ~'를 써서 '고향이나 국적 같은 출신지, 소속, 소유자, 원재료' 등을 나타낼 수도 있습니다. **de** 는 영어의 **from** (~로 부터) 또는 **of** (~의)에 해당하는 전치사입니다.

(**del** (**de** + **el** : 축약형) [델] ~의, **sur** [수르] 남쪽, **Corea del Sur** [꼬레아 델 수르] 한국, **comida {f}** [꼬미다] 음식, **harina {f}** [아리나] 밀가루, **y** [이] 그리고 (접속사), **aquel** [아껠] 저, **collar {m}** [꼬야르] 목걸이, **oro {m}** [오로] 금)

Yo soy de Busan, Corea del Sur.

[요 소이 데 부산, 꼬레아 델 수르.] 나는 한국, 부산 출신입니다. (고향/출신지)

Messi es del FC Barcelona.

[메씨 에스 델 풋볼 끌룹 바르쎌로나.] 메시는 **FC** 바르쎌로나 소속입니다. (소속)

Esta comida es de harina.

[에스따 꼬미다 에스 데 아리나.] 이 음식은 밀가루로 만들었다. (원재료)

Aquel collar de oro es de Isabel.

[아껠 꼬야르 데 오로 에스 데 이사벨.] 저 금 목걸이는 이사벨의 것이다. (소유자)

❷ estar 동사 :

estar [에스따르] 동사의 인칭별 동사변화형은 다음과 같습니다.

단수	복수
yo estoy [요 에스또이] 나는 ~ 에 있다/~ 한 상태로 있다	**nosotros estamos** [노소뜨로스 에스따모스] 우리들은 ~ 에 있다/~ 한 상태로 있다
tú estás [뚜 에스따스] 너는 ~ 에 있다/~ 한 상태로 있다	**vosotros estáis** [보소뜨로스 에스따이스] 너희들은 ~ 에 있다/~ 한 상태로 있다
él/ella/Ud. está [엘/에야/우스뗏 에스따] 그/그녀/당신은 ~ 에 있다/~ 한 상태로 있다	**ellos/ellas/Uds. están** [에요스/에야스/우스떼데스 에스딴] 그들/그녀들/당신들은 ~ 에 있다/~ 한 상태로 있다

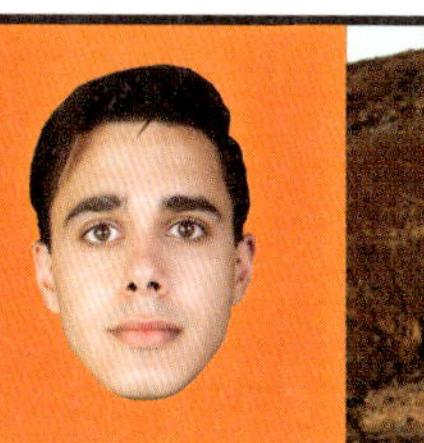

estar 동사는 기본적으로 '~있다'라는 뜻으로 사용됩니다.
'있다'라는 의미는 다시 '~에 있다' 위치를 나타내는 뜻과, '잘 있다/못 있다/즐겁게 있다…' 등과
같이 상태를 나타내는 뜻으로 나뉩니다.

이렇게 **estar** 동사는 위치를 나타내거나 변화가능한 상태를 표현합니다.
변하지 않는 본질적 속성을 표현했던 **ser** 동사에 비해, **estar** 동사는 '이동 가능한 위치',
'언제라도 변화 가능한 현재의 상태', '일시적 상태', '주관적 느낌' 등을 표현합니다.

(**ventana {f}** [벤따나] 창문, **cerrado** [쎄라도] 닫힌, **café {m}** [까페] 커피, **caliente** [깔리엔떼]
뜨거운, **comida {f}** [꼬미다] 음식, **muy** [무이] 매우, **rico** [리꼬] 맛있는, **libro {m}** [리브로] 책,
biblioteca {f} [비블리오떼까] 도서관, **en** [엔] ~안에/~에)

La ventana está cerrada.

[라 벤따나 에스따 쎄라다.] 창문은 닫혀 있습니다. (현재 상태)

El café está muy caliente.

[엘 까페 에스따 무이 깔리엔떼.] 커피가 매우 뜨겁다. (일시적 상태)

Esta comida está rica.

[에스따 꼬미다 에스따 리까.] 이 음식이 맛있다. (주관적 느낌)

Los libros están en la biblioteca.

[로스 리브로스 에스딴 엔 라 비블리오떼까.] 책들은 도서관에 있다. (대상의 위치)

multi plus

Learn to understand and speak Languages quickly and easily!

06+.
Capítulo 06+ Multi Plus
스페인어로 기본적인 대화 시작하기!

주격인칭대명사와 **ser**, **estar** 동사만 가지고도 말할 수 있는 스페인어 표현이 엄청나게 많아집니다. 살짝만 더 응용하면 기본적인 대화를 이어나갈 수 있습니다. 그래서 이번 순서는 감정상태와 위치를 나타내는 **estar** 동사 플러스 활용편을 준비했습니다.

It's **the perfect book** for any **self-learner.** *Spanish*

6-1+. 스페인어로 '이름'을 묻자!

아무리 많은 문장을 만들 수 있는 능력을 갖추었다 해도 상대방과 자연스럽게 대화를 시작하기 위해서는 '친해짐'이 필요합니다. 친한척 1단계! 바로 통성명이 필수겠지요. 제6과를 통해 우리는 **Yo soy OOO.** 처럼 자신을 소개할 수 있게 되었습니다. 이번에는 상대방의 이름 묻기, 그리고 또 다른 방식으로 나의 이름을 말하는 방법을 만나보겠습니다.

스페인어 역시 '너의 이름이 무엇이니?'라고 직접적인 표현으로 묻기도 하지만. 살짝 독특하게 '너를 어떻게 부르니?'라는 표현을 사용하기도 합니다. 이때의 대답은 '나를 ~ 라고 불러.'가 되는 것이고요.

(**cómo** [꼬모] 어떻게, **te llamas** [떼 야마스] 네가 불리다, **me llamo** [메 야모] 나를 부르다, **cuál** [꾸알] 어떤 것, **nombre {m}** [놈브레] 이름)

¿Cómo te llamas?

[꼬모 떼 야마스?] 너를 어떻게 부르니? (너 이름이 뭐니?)

Me llamo Silvia.

[메 야모 실비아.] 나를 실비아라고 불러. (나는 실비아야.)

¿Cuál es tu nombre?

[꾸알 에스 뚜 놈브레?] 너의 이름이 무엇이니?

Mi nombre es Silvia.

[비 놈브레 에스 실비아.] 내 이름은 실비아야.

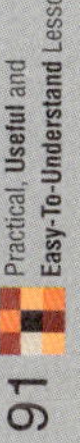
Practical, **Useful** and **Easy-To-Understand** Lessons!

91

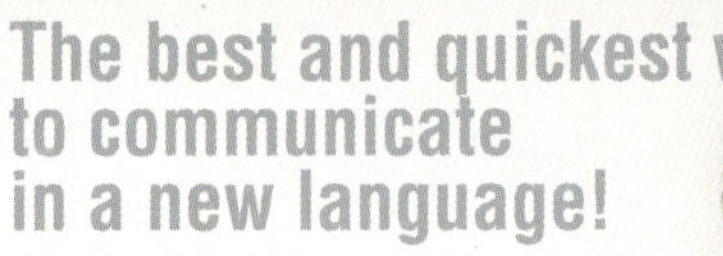

6-2+. 스페인어로 '감정/상태'를 말하자!

인칭대명사와 **estar** 동사를 활용해 다양한 감정과 상태를 나타낼 수 있습니다.
감정이나 상태를 좀 더 강조하고 싶을 때는 형용사 앞에 영어의 **very** 에 해당하는
muy 나 **a little** 에 해당하는 **un poco** 를 놓으면 됩니다.

(**feliz** [펠리스] 행복한, **chica {f}** [치카] 소녀, **triste** [뜨리스떼] 슬픈, **médico {m}** [메디꼬] 의사,
cansado/-a [깐사도/다] 피곤한, **actor {m}** [악또르] 배우, **ocupado/-a** [오꾸빠도/다] 바쁜)

Yo estoy feliz.

[요 에스또이 펠리스.] 나는 행복합니다.

Esa chica está triste.

[에사 치까 에스따 뜨리스떼.] 그 소녀는 슬프다.

El médico está muy cansado.

[엘 메디꼬 에스따 무이 깐사도.] 그 의사는 매우 피곤합니다.

Los actores están ocupados.

[로스 악또레스 에스딴 오꾸빠도스.] 그 배우들은 바쁩니다.

6-3+. 스페인어로 '위치'를 말하자!

세상 누구나에게나 가장 궁금한 위치는 '화장실' 위치입니다. ^ㄴ^
estar 동사에 장소전치사구를 살짝 더해주면 위치를 표현할 수 있습니다.
자! 그러면 스페인의 화장실은 대체 어디에 있는지 같이 한번 찾아볼까요?

(**dónde** [돈데] 어디, **baño {m}** [바뇨] 화장실, **habitación {f}** [아비따씨온] 방, **en** [엔] ~ 안에, **al lado de** [알 라도 데] ~ 옆에, **a la derecha de** [아 라 데레차 데] ~ 오른쪽에, **a la izquierda de** [아 라 이스끼에르다 데] ~ 왼쪽에)

¿Dónde está el baño?

[돈데 에스따 엘 바뇨?] 화장실이 어디예요?

Está en la habitación.

[에스따 엔 라 아비따씨온.] 방 안에 있습니다.

Está al lado de la habitación.

[에스따 알 라도 데 라 아비따씨온.] 방 옆에 있습니다.

Está a la derecha de la habitación.

[에스따 아 라 데레차 데 라 아비따씨온.] 방 오른쪽에 있습니다.

Está a la izquierda de la habitación.

[에스따 아 라 이스끼에르다 데 라 아비따씨온.] 방 왼쪽에 있습니다.

¿Eres español?

It's the perfect book for any self-learner.

07.
Capítulo 07
스페인어 의문문과 규칙변화동사 -ar / -er / -ir
¿Eres español?

너는 스페인 사람이니?

드디어 스페인어 의문문의 궁금증이 풀리는 시간입니다.
스페인어의 의문문은 뒤집힌 의문부호(¿)가 문장 맨 앞에 나옵니다.
이번 강의에서는 스페인어 의문문과 핵심기본동사 **-ar / -er / -ir** 의 변화형을
함께 활용해보는 시간입니다.

7-1. 스페인 사람들, 인정이 넘친다!

종종 스페인 사람들을 우리와 비교합니다.
스페인 사람에게는 다른 서구 사람들과 비교되는 살가움, 인정머리가 있다고 말합니다.
대가족을 이루고 살았던 전통이나 자식 교육에 '올인'하는 부모, 극성스런 자식 사랑의 어머니들,
그리고 남의 집 어린 아이들에게까지도 스스럼없이 마음을 쓰는 모습 등은 우리의 모습과 많이
닮았습니다. 아기라도 안고 나가면 인종에 관계없이 10분 안에 안면을 트고 수다로 이어가는 것
이 스페인 사람들의 정서이고 인정이죠. 우리와 닮아서 더욱 친밀하게 느껴지는 스페인, 정(情)
이 가는 스페인입니다.

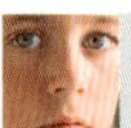
7-2. 스페인어 의문문 만들기!

대부분의 언어들이 그러하듯이 뭔가가 궁금해서 질문을 할 때면 문장 끝이 자연스럽게
올라갑니다. 스페인어도 예외는 아니죠. 특별히 스페인어는 뒤집어진 의문부호를 맨 앞에 쓰고
시작합니다. 간단하게 만들 수 있는 스페인어 의문문 만들기, 지금부터 알아보겠습니다.

❶ 의문사가 없는 의문문 만들기

스페인어는 평서문으로 의문문을 만들 수 있습니다. 평서문 그대로에서 궁금한 표정을
지으며 문장 끝을 살짝 올려주면 의문문이 됩니다.

(**bien** 잘, **no** 아니다, **español {m}** 스페인어/스페인 사람 (남자))

Tú eres español. ➡ **¿Tú eres español?**
너는 스페인 사람이다. 너는 스페인 사람이니?

María está bien. ➡ **¿María está bien?**
마리아는 잘 있다. 마리아는 잘 있니?

두 번째로는 동사를 도치시켜 주어와 위치를 바꾸어주면 의문문이 됩니다.

Tú eres español. ➜ **¿Eres tú español?**
너는 스페인 사람이다. 너는 스페인 사람이니?

María está bien. ➜ **¿Está bien María?**
마리아는 잘 있다. 마리아는 잘 있니?

그리고 여기서 잠깐! 스페인어는 모든 문장에서 주격인칭대명사를 생략할 수 있습니다.
굳이 주어를 드러내지 않아도 동사의 형태로 주어를 알아낼 수 있기 때문이죠. 실제 생활에서는
주로 주어를 생략하고 말합니다. 그래서 다음과 같이 간단하게 말할 수 있는 것이죠.

(Tú) Eres español. ➜ **¿(Tú) Eres español?**
(너는) 스페인 사람이다. (너는) 스페인 사람이니?

➜ **¿Eres (tú) español?**
(너는) 스페인 사람이니?

❷   의문사와 함께 의문문 만들기

의문사로 문장을 시작하는 의문문입니다. '의문사 + 동사 + 주어?'의 어순으로 만듭니다.

(**de dónde** 어디로부터, **cómo** 어떻게)

¿De dónde eres (tú)?
(너는) 어디 사람이니?

¿Cómo está María?
마리아는 어떻게 지내니?

7-3. 의문문에 경쾌하게 대답하기!

대화의 시작은 의문문입니다. 질문에 대한 경쾌한 답변으로 대화가 계속 이어질 수 있습니다.

(**ser de** ~ 어디 출신이다, **enfermo/-a** 아픈, **sí** 네, **no** 아니오)

❶ 의문사가 있는 의문문 : 질문 내용에 맞게 대답합니다.

¿De dónde eres?   ➜   **Soy de Madrid.**
(너는)어디에서 왔니?   (나는) 마드리드에서 왔어.

¿Cómo está María?   ➜   **Ella está enferma.**
마리아는 어떤가요?   그녀는 아픕니다.

❷ 의문사가 없는 의문문 : **Sí.** (네.), **No.** (아니오.)로 대답합니다.
먼저 **Sí** 로 대답할 경우입니다.

¿Eres español?   ➜   **Sí, soy español.**
(너는) 스페인 사람이니?   응, 스페인 사람이야.

No 부정문으로 대답할 경우입니다. 스페인어의 부정문 만드는 법은 매우 간단합니다.
평서문에서 동사 앞에 **no** 만 넣어주면 됩니다. 그러니까 **No, no** + 동사 … 하면 됩니다.

¿Eres español?   ➜   **No, no soy español.**
(너는) 스페인 사람이니?   아니, (나는) 스페인 사람이 아니야.

98

7-4. 스페인어의 규칙동사 변화 패턴!

외국어 학습에 있어서 '동사'는 매우 중요합니다. 특히 동사가 변화를 하는 유럽어에서는 동사의
이해가 가장 중요한 문법의 파악으로 이어집니다. 스페인어의 동사는 '어근+어미'로 구성되며,
어미는 무조건 **-ar, -er** 또는 **-ir** 로 끝납니다. '스페인어 규칙동사'는 어근에는 변화가 없고
어미 부분만 인칭에 따라 변화합니다. 스페인어의 동사는 인칭에 따라 변화하며,
규칙적인 변화 패턴이 있습니다.

❶　　**-ar** 동사의 규칙변화 패턴!

-ar 동사는 스페인어 동사의 90%를 차지할 정도로 많습니다. 그래서 **-ar** 형 동사를
'제1변화동사'라고 부르기도 합니다. 기억해 주십시오! **-ar** 동사의 어미변화 패턴은
-o, -as, -a, -amos, -áis, -an 의 순서입니다.

hablar (말하다)

단수		복수	
yo	hablo	nosotros	hablamos
tú	hablas	vosotros	habláis
él/ella/Ud.	habla	ellos/ellas/Uds.	hablan

estudiar (공부하다) :　**yo estudio, tú estudias, él/ella/Ud. estudia,
nosotros estudiamos, vosotros estudiáis, ellos/ellas/Uds. estudian**

(**profesor {m}** 교수, **bien** 잘, **coreano {m}** 한국어, **niño {m}** 남자아이, **en** ~안에서, **escuela {f}**
학교)

El profesor habla bien el coreano.
교수님은 한국어를 잘 하십니다.

¿Dónde estudian los niños?
아이들은 어디에서 공부합니까?

Estudian en la escuela.
(아이들은) 학교에서 공부합니다.

From **basic greetings** and **expressions** to **grammar** and **conversations!**

대표적인 **-ar** 동사들!
cantar (노래하다), **comprar** (사다), **visitar** (방문하다), **bailar** (춤추다), **trabajar** (일하다)

❷　　　**-er** 동사의 규칙변화 패턴!

'제2변화동사'라고도 하는 **-er** 동사를 알아보도록 하겠습니다.
-er 동사의 어미변화 방식은 **-o, -es, -e, -emos, -éis, -en** 입니다.

comer (먹다)

단수		복수	
yo	como	nosotros	comemos
tú	comes	vosotros	coméis
él/ella/Ud.	come	ellos/ellas/Uds.	comen

aprender (배우다) : yo aprendo, tú aprendes, él/ella/Ud. aprende
　　　　　　　　nosotros aprendemos, vosotros aprendéis, ellos/ellas/Uds. aprenden

(**carne** {f} 고기, **y** 그리고, **fruta** {f} 과일, **qué** 무엇 (의문사), **universidad** {f} 대학교, **filosofía**
{f} 철학)

Yo como carne y tú comes frutas.
나는 고기를 먹고 너는 과일을 먹는다.

¿Qué aprendéis en la universidad?
(너희들은) 대학에서 무엇을 배우니?

Aprendemos filosofía en la universidad.
(우리는) 대학에서 철학을 배웁니다.

대표적인 **-er** 동사들 :
leer (읽다), **vender** (팔다), **comprender** (이해하다), **beber** (마시다), **correr** (뛰다)

❸　　　**-ir** 동사의 규칙변화 패턴!

'제3변화동사'라고도 하는 **-ir** 동사의 어미변화는 **-er** 동사와 1/2인칭 복수형만이
아주 약간 다른 정도입니다. **-ir** 동사의 어미변화는 **-o, -es, -e, -imos, -ís, -en** 입니다.

Practical, Useful and
Easy-To-Understand Lessons!

vivir (살다)

단수		복수	
yo	vivo	nosotros	vivimos
tú	vives	vosotros	vivís
él/ella/Ud.	vive	ellos/ellas/Uds.	viven

abrir (열다) :　　yo abro, tú abres, él/ella/Ud. abre,
　　　　　　　　él/ella/Ud. abrimos, vosotros abrís, ellos/ellas/Uds. abren

(**Seúl** 서울, **ventana {f}** 창문)

¿Dónde vives?
(너는) 어디 사니?

Vivo en Seúl.
(나는) 서울에 삽니다.

Abrimos las ventanas.
(우리는) 창문을 엽니다.

대표적인 **-ir** 동사들 :
descubrir (찾다), **compartir** (나누다), **partir** (출발하다), **subir** (올라타다), **escribir** (쓰다)

 7-5. 규칙동사 3종의 변화패턴, 3줄정리!

자! 그럼 정리해볼까요?
스페인어의 모든 동사는 어미가 **-ar, -er, -ir** 중 하나입니다.
-er, -ir 동사의 인칭별 변화 방식을 비교해 보면, 1/2인칭 복수형태에서만 **-e** 와 **-i** 로
살짝 다르게 변화하는 모두 같은 형태입니다.

-ar 동사 (제1변화동사) :　　-o -as -a　　　-amos -áis -an
-er 동사 (제2변화동사) :　　-o -es -e　　　-emos -éis -en
-ir 동사 (제3변화동사) :　　-o -es -e　　　-imos -ís　 -en

From basic greetings and expressions to grammar and conversations!
Multi Plus
Learn to understand and speak Languages quickly and easily!
102
07+.
Capítulo 07+ Multi Plus
스페인어가 든든해지는 멀티플러스!
우리는 스페인어 학습의 큰산, 동사변화를 시작했습니다.
이번 코너에서는 동사의 활용을 심도 있게 연습하고,
더 나아가서 강조와 부정표현도 만나보겠습니다.

7-1+. 스페인어에 임하는 우리의 자세!

동사를 알면 문장을 좀 더 풍성하게 만들 수 있는 방법에 눈을 돌릴 수 있습니다.
하나를 배우면 열 가지로 써먹을 방도를 찾는 것이 스페인어를 공부하는 우리의 자세입니다.

(**aprender** 배우다, **mucho** 많이/열심히, **español** 스페인어, **demasiado** 지나치게,
estudiar 공부하다, **estudiante {m,f}** 학생)

Aprendo mucho español.
(나는) 스페인어를 열심히 배웁니다.

¿Estudiáis mucho?
(너희들은) 열심히 공부하니?

Sí, estudiamos mucho.
네, (우리들은) 열심히 공부합니다.

Los estudiantes estudian demasiado.
학생들이 지나치게 공부합니다.

7-2+. 스페인어로 부정을 말하다!

스페인어로 부정을 표현할 때는 동사 앞에 **no** 를 놓으면 됩니다.
이 밖에도 영어의 **never** 에 해당되는 스페인어의 부정어(**nunca** 절대 ~가 아닌)를 활용하면
강한 부정을 표현할 수 있습니다.

(**nunca** 결코/절대 ~가 아닌, **nada** 아무것도 아닌 것)

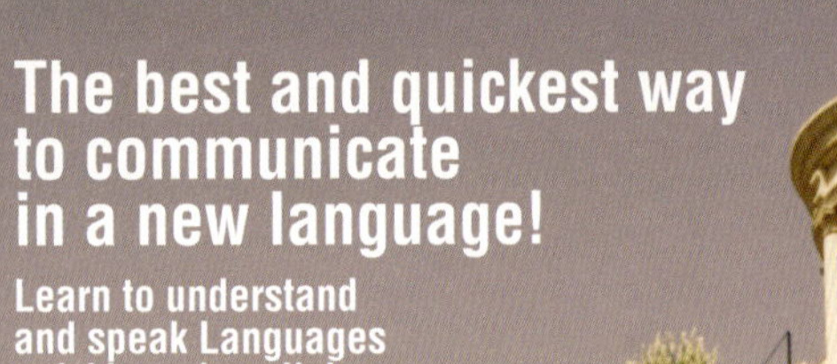

No aprendo mucho.
(나는) 열심히 배우지 않습니다.

No estudiamos nada.
(우리들은) 아무것도 공부하지 않습니다.

No estudian nunca. (= Nunca estudian.)
(그들은) 절대 공부하지 않습니다.

7-3+. 만능생활표현 **tomar** 동사의 무한활용!

tomar 는 '먹다/마시다, (교통수단을) 타다, (사진을) 찍다' 등 매우 다양한 뜻으로 활용됩니다.
한마디로 모든 생활표현이 커버 가능한 만능동사라고 할 수 있습니다.
그러면 곧바로 **tomar** 동사를 만나 볼까요?

(**café {m}** 커피, **helado {m}** 아이스크림, **metro {m}** 지하철, **decisión {f}** 결정,
importante 중요한, **en el museo** 박물관에서, **foto {f}** 사진)

¿Toma ud. un café?
당신은 커피를 마시겠습니까?

Tomo mucho helado.
(나는) 아이스크림을 많이 먹습니다.

Tomamos el metro.
(우리들은) 지하철을 탑니다.

Toman una decisión importante.
(그들은) 중요한 결정을 내립니다.

No tomamos fotos en el museo.
(우리들은) 박물관에서 사진을 찍지 않습니다.

7-4+. 스페인어 결정적 한 단어! (확인 표현)

¿De verdad?
정말?

¿En serio?
진심이야?

¡No me lo creo!
믿을 수 없어/못 믿겠는데!

¿Seguro?
확실해?

대답할 때 **Sí, seguro.** [씨, 세구로.] (응, 확실해.) 하면 됩니다.

Por supuesto.
물론이지.

Practical, Useful and Easy-To-Understand Lessons!

08.
Capítulo 08
스페인어의 소유격인칭대명사와 목적격인칭대명사!
Mi novio me regala una rosa.
내 남자 친구는 나에게 장미 한 송이를 선물합니다.

스페인어의 인칭대명사는 문장에서의 역할에 따라 주격인칭대명사, 소유격인칭대명사,
전치격인칭대명사 그리고 목적격인칭대명사 등으로 나뉩니다. 영어에 비해 인칭대명사가
꼼꼼하게 잘 발달된 언어라고 할 수 있습니다. 이미 주격인칭대명사를 마스터 하셨으니
이번 시간에는 소유격 인칭대명사와 목적격 인칭대명사를 함께 만나보겠습니다.

Practical, Useful and Easy-To-Understand Lessons!
107
From basic greetings and expressions to grammar and conversations!

 # 8-1. 스페인의 정겨운 낮술!

스페인 사람들, 아무렇지도 않게 낮술을 즐깁니다.
스페인에는 우리의 커피숍이나 분식점에 해당되는 작은 식당, **Bar** 가 즐비합니다.
이곳에서 스페인 사람들은 점심식사와 함께 와인을 마십니다. 대낮부터 밥상머리에서 술잔을
기울이는 거죠. 식사 주문과 동시에 어김없이 식탁 위에 등장하는 것이 바로 **Vino de Casa**
(하우스 와인) 한 병입니다. 싱싱한 올리브를 안주 삼아 한참을 여유 있게 식사하면
모두 말짱한 채로 자리를 뜹니다. 음주운전을 걱정할 필요 없을 정도로 말이죠.

 # 8-2. 스페인어의 소유격인칭대명사!

소유를 나타내는 영어의 **my, your, his, her** … 처럼 스페인어 역시 인칭별로 '소유격인칭대명
사'가 있습니다. 특이한 점은, 위치에 따라 명사 앞에 놓이는 '전치형'과 명사 뒤에 따라오는
'후치형', 두 가지로 나뉜다는 점입니다. 전치형과 후치형은 모양새가 서로 다릅니다.

❶   스페인어 소유격인칭대명사(전치형)

영어의 **my car** (나의 차) / **my cars** (나의 차들)처럼 명사 앞에 위치하는 전치형소유격
인칭대명사입니다. 영어와 달리 소유격인칭대명사 자체의 복수형태가 존재합니다.
때문에 복수명사가 오면 소유대명사도 복수형으로 사용해야 합니다. 외우실 때는
'미-미스, 뚜-뚜스,…' 하는 식으로 쌍으로 한꺼번에 기억해주십시오.

단수	복수		단수	/	복수	
mi	mis (나의)		nuestro nuestra	/	nuestros nuestras (우리들의)	
tu	tus (너의)		vuestro vuestra	/	vuestros vuestras (너희들의)	
su	sus (그/그녀/당신의)		su	/	sus (그/그녀/당신들의)	

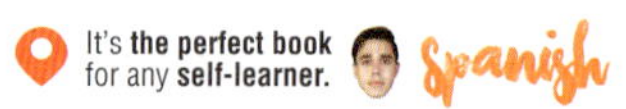

(**casa {f}** 집, **amigo/-a {m,f}** 친구)

mi casa 나의 집	➡	**mis casas** 나의 집들
nuestra casa 우리들의 집	➡	**nuestras casas** 우리들의 집들
tu amigo 너의 친구	➡	**tus amigos** 너의 친구들
vuestro amigo 너희들의 친구	➡	**vuestros amigos** 너희들의 친구들

소유격인칭대명사 3인칭 **su**, **sus** 는 6가지 인칭(**él, ella, Ud., ellos, ellas, Uds.**)을 담당하고 있습니다. 문맥상으로 **su** 가 누구를 지칭하는지 확실하지 않을 때는 '정관사 + 명사 + **de** + 주격/고유명사'로 표현할 수 있습니다.

(**quién** 누구, **coche {m}** 자동차, **señor {m,f}** 님/씨/귀하/여사)

¿De quién es ese coche?
그 차는 누구의 차입니까?

Es su coche.
그의 차입니다. ('그'가 누구인지 알 때)

Es el coche del señor Kim.
김씨의 차입니다. (**su** 의 주체가 누구인지 모를 때)

❷ 　스페인어 소유격인칭대명사(후치형)

스페인어의 소유격인칭대명사 후치형은 전치형과 달리 모든 인칭의 성수에 따른 형태가
구분됩니다. 후치형을 사용할 때 중요한 것은 어순 형식으로, 반드시 '관사 + 명사 + 후치형'의
순서로 써주어야 합니다.

(**maleta {f}** 가방, **bolígrafo {m}** 볼펜, **Dios {m}** 신, **madre {f}** 어머니)

단수　　/　복수　　　　　　　　　　　　단수　　　　　/　　　복수
mío mía / míos mías (나의)　　　　　**nuestro nuestra / nuestros nuestras** (우리들의)
tuyo tuya / tuyos tuyas (너의)　　　**vuestro vuestra / vuestros vuestras** (너희들의)
suyo suya / suyos suyas (그/그녀/당신의)　　**suyo　　suya / suyos suyas** (그/그녀/당신들의)

la maleta mía ➡ las maletas mías
나의 가방　　　　　　　　　　나의 가방들

la maleta nuestra ➡ las maletas nuestras
우리들의 가방　　　　　　　　우리들의 가방들

el bolígrafo tuyo ➡ los bolígrafos tuyos
너의 볼펜　　　　　　　　　　너의 볼펜들

el bolígrafo vuestro ➡ los bolígrafos vuestros
너희들의 볼펜　　　　　　　　너희들의 볼펜들

스페인어의 소유격인칭대명사 후치형은 그리 자주 사용하진 않습니다.
주로 감탄문에서나 사용하는 정도입니다.
참고적으로 **ser** 동사 뒤에 소유대명사가 오면(후치형) '~의 것이다.'라는 뜻이 됩니다.

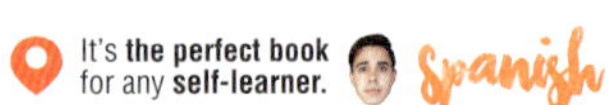

¡Dios mío!
오 마이 갓!

¡Madre mía!
엄마야!

¿De quién es ese coche?
그 차는 누구의 차입니까?

Es mío.
내 것입니다.

 ## 8-3. 스페인어 목적격인칭대명사!

이번에는 영어의 **me**, **him**, **them** 과 같은 목적격인칭대명사를 소개해 드리겠습니다.
스페인어의 목적격은 '직접목적격'(~을/를)과 '간접목적격'(~에게)로 나뉩니다.

	직접목적격인칭대명사		간접목적격인칭대명사	
	단수	복수	단수	복수
1인칭	me	nos	me	nos
2인칭	te	os	te	os
3인칭	lo / la	los / las	le	les

❶ 표를 비교해보시면 1, 2인칭 단 · 복수는 직접목적격과 간접목적격의 형태가
동일합니다. 따라서 3인칭만 별도로 기억하시면 되겠습니다. 스페인의 일부 지역에서는
간혹 **le / les** 를 직접목적격으로 사용하기도 하지만, **lo / la / los / las** 형을 훨씬 많이
사용합니다. 목적격대명사의 어순은 직목, 간목 모두 동사 앞에 위치합니다.

(**amar** 사랑하다, **ayudar** 돕다, **siempre** 언제나, **novio/-a {m,f}** 남자/여자 친구, **regalar** 선물하다, **rosa {f}** 장미, **profesor {m}** 교수, **explicar** 설명하다, **gramática {f}** 문법)

Te amo.
너를 사랑해.

Él me ayuda siempre.
그는 언제나 나를 돕습니다.

Mi novio me regala una rosa.
내 남자 친구는 나에게 장미 한 송이를 선물합니다.

El profesor nos explica la gramática.
교수님이 우리에게 문법을 설명합니다.

❷ 직접인칭대명사와 간접인칭대명사가 한 문장 속에 나란히 사용될 경우, 어순은 무조건 '간접 + 직접 + 동사'입니다. 보다 중요한 직접인칭대명사가 동사에 가까이 배치된 원리라고 할 수 있습니다.

(**prestar** 빌려주다, **diccionario {m}** 사전, **dar** 주다, **regalo {m}** 선물)

Carmen me presta su diccionario.
까르멘이 나에게 그녀의 사전을 빌려줍니다.

➡ Carmen me lo presta.
까르멘이 나에게 그것(사전)을 빌려줍니다.

Ella te da un regalo.
그녀가 너에게 선물을 준다.

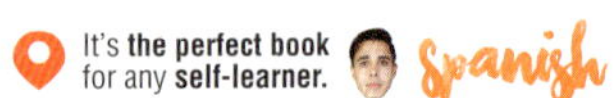

➡ **Ella te lo da.**

그녀가 너에게 그것(선물)을 준다.

❸ 그리고 3인칭 직접목적어와 3인칭 간접목적어가 나란히 나오는 경우에는, 간접목적격 **le / les** 를 **se** 로 바꾸어 씁니다. 별명으로 '3 · 3법칙'이라고도 하는데요, **le lo, le la, les los, les las** 와 같이 **l** 이 겹치는 경우, 발음을 편하게 하기 위해서 간접목적격을 **se** 로 바꾼 것입니다.

(**regalar** 선물하다, **papá {m}** 아빠, **anillo {m}** 반지, **juguete {m}** 장난감)

Juan le regala un anillo a ella.

후안이 그녀에게 반지를 선물한다.

➡ **Juan le lo regala. (X)**   **Juan se lo regala. (O)**

후안이 그녀에게 그것을 선물한다.

Mi papá da los juguetes a los niños.

나의 아빠가 아이들에게 장난감들을 주신다.

➡ **Mi papá les los da. (X)**   **Mi papá se los da. (O)**

나의 아빠가 그들에게 그것들을 주신다.

Practical, **Useful** and Easy-To-Understand **Lessons!**

From **basic greetings** and **expressions** to **grammar** and **conversations!**

multi Plus

Learn to understand and speak Languages quickly and easily!

114

08+.
Capítulo 08+ Multi Plus
스페인어가 든든해지는 멀티플러스!

스페인어의 독특한 직접/간접목적격대명사와 친해지는 가장 좋은 방법은 열심히 따라 읽는 것입니다. 따져 생각하기보다는 습관적으로 나오게 하는 것이 빠르고 쉽습니다. 아울러 여러분의 스페인어를 교양 있게 만드는 마법의 표현 **por favor** 의 활용을 함께 알아 보겠습니다.

8-1+. 소개를 위한 스페인어 생활회화!

목적격대명사를 활용하여 친구를 소개해 보겠습니다.
단순히 형태만 보고 직접/간접목적격을 구분할 수는 없습니다.
문장 속에서 의미가 파악되어야 합니다.

(**chica** 아가씨, **novio/-a {m,f}** 남자/여자 친구, **amigo/-a {m,f}** 친구, **encantado/-a** 반가운/기쁜)

conocer (알다)　　　conozco conoces conoce conocemos conocéis conocen
presentar (소개하다)　　presento presentas presenta presentamos presentáis presentan

¿Conoces a aquella chica?
(너) 저 아가씨 아니?

No, no la conozco.
아니, (난) 그녀를 몰라.

Ella es mi novia. Te la presento.
그녀는 내 여자 친구야. 너에게 그녀를 소개해줄게.

Laura, te presento a mi amigo Ale.
라우라, 너에게 내 친구 알레를 소개할게.

Encantada, Ale.
반가워요, 알레. (맨 앞에 **estar** 동사가 생략된 상태)

8-2+. 절대 만능의 마법 표현 Por favor

스페인어권으로 여행을 가기 전 가장 먼저 알아둬야 할 표현이 있다면 바로 **por favor** [뽀르 파보르]입니다. 어디서나 말 끝에 붙여주기만 하면 예의 바른 한국인이 되는 마법의 단어입니다. **por favor** 만 잘 사용하면 여러분의 교양을 순식간에 높여줄 뿐만 아니라, 긴 문장도 단 한마디로 줄여주는 요령이 생깁니다. **por favor** 는 영어의 **please** 에 해당합니다.

(**menú {m}** 메뉴/메뉴판, **café con leche {m}** 카페라테, **parque {m}** 공원, **estación del tren {f}** 기차역, **entrada {f}** 입장권, **kilo {m}** 킬로, **manzana {f}** 사과)

❶ 식당에서 필요한 **por favor**

El menú, por favor.
메뉴판 좀 주세요.

Un café con leche, por favor.
카페라테 한 잔 주세요.

❷ 교통수단을 이용할 때 : 목적지 + **por favor**

El parque Güell, por favor.
구엘 공원으로 가주세요.

La estación de tren, por favor.
기차역으로 가주세요.

❸ 물건을 살 때도 무조건 **por favor!**

Dos entradas, por favor.
입장권 2장 주세요.

Un kilo de manzanas, por favor.
사과 1킬로 주세요.

8-3+. 첫 번째, 두 번째… 스페인어 서수형용사!

서수는 순서를 말할 때 쓰는 숫자입니다.
보통 첫 번째부터 열 번째까지 정도는 서수를 쓰지만 그 이상을 넘어가면
그냥 기수로 써주시면 됩니다.
자! 일단 첫 번째부터 열 번째까지 살펴보겠습니다.

1. primer(o)/-a	6. sexto/-a
2. segundo/-a	7. séptimo/-a
3. tercer(o)/-a	8. octavo/-a
4. cuarto/-a	9. noveno/-a
5. quinto/-a	10. décimo/-a

서수의 가장 주요한 기능은 형용사로 사용되어 서열이나 등급을 표시할 때 사용하는 것입니다.
때문에 수식하는 명사에 따라 성수일치를 시켜 사용합니다.

(**clase {f}** 교실/등급, **piso {m}** 층)

Primera clase
퍼스트 클래스 (비행기 좌석 등급)

Estamos en el segundo piso.
(우리들은) 2층에 있습니다.

09.
Capítulo 09
스페인어 회화능력 폭발, 불규칙동사 1.
Hay unos alumnos en la clase.
교실에 몇몇의 학생들이 있습니다.

스페인어 동사는 대부분 규칙동사이지만, 주요 동사 일부는 불규칙동사입니다. 앞으로 3개 과에 걸쳐 스페인어 불규칙 동사를 정리할 것입니다. 불규칙 동사라고는 하지만 나름의 패턴이 있습니다. 불규칙동사의 주요 변화 패턴은 크게 어간의 모음이 변화하는 동사, 오로지 1인칭단수에서만 특별한 변형을 가지는 동사, 완전 불규칙 동사가 있는데요, 이번 과에서는 제멋대로 변화하는 완전 불규칙동사 3종 세트, **ir** (가다), **tener** (가지다), **haber** (있다)를 먼저 소개합니다. 여러분의 문장력을 한 단계 더 높여주는 주요 불규칙 동사들입니다.

Practical, **Useful** and **Easy-To-Understand** Lessons!

From **basic greetings** and **expressions** to **grammar** and **conversations**!

9-1. 스페인에서는 예의가 먼저!

스페인 사람들이 호칭을 중요시하는 이유는 '호칭이 곧 예의의 시작'이기 때문입니다.
남자는 **Señor (Sr. = Mr.)**, 여자는 **Señora (Sra. = Mrs.)**, 숙녀에게는 **Señorita (Srta. = Miss.)**
를 반드시 붙여 부릅니다. 우리에겐 상황에 따라서 해도 되고 안 해도 되는 인사표현을 생략했을
때, 그들은 분명한 결례라고 생각합니다. 제대로 안 듣고 있다고 생각해도 인사가 생략되면 순간
차가운 시선이 여러분에게 꽂힐 수 있습니다. 따라서 **Con permiso.** (실례합니다.), **Por favor.**
(부탁합니다.), **Muchas gracias.** (정말 감사합니다.)는 절대로 건너뛰어서는 안 됩니다.

9-2. 제멋대로 불규칙동사 1. ir

'제멋대로 동사'라고 소개했듯이 이번 과에서 다룰 동사들의 변화는 무쌍합니다. 그렇다고 해서
변화의 유형을 종잡을 수 없을 정도는 아닙니다. 매우 독특한 변화형인 듯 보이지만 그럼에도
불구하고 변화 방식이 같은 불규칙 동사들끼리 다시 한번 그룹을 지을 수 있습니다.
그럼 불규칙동사 **ir** (가다)의 인칭별 변화 형태와 활용법부터 살펴보겠습니다.

단수		복수	
yo	voy	nosotros	vamos
tú	vas	vosotros	vais
él/ella/Ud.	va	ellos/ellas/Uds.	van

ir 와 같은 유형으로 변화하는 동사
dar (주다)　　**doy das da damos dais dan**

ir 동사는 보통 '전치사 **a** + 목적지'의 형태로 사용합니다. (전치사 **a** 는 영어의 **to** 와 같습니다.)
그리고 **ir + a + inf.** (동사원형)은 '~을 하려고 한다'로 미래를 표현할 수 있습니다.

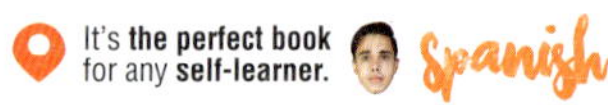

(**al** 전치사 **a** 와 정관사 **el** 이 결합된 형태, **cine {m}** 영화관, **con** ~와 함께, **hermano {m}** 형제, **universidad {f}** 대학교, **sábado {m}** 토요일, **los sábados** 토요일마다, **chico {m}** 소년, **playa {f}** 해변, **cenar** 저녁식사하다, **restaurante {m}** 식당, **chino** 중국의)

❶   **ir + a** : ~에(로) 가다

Voy al cine con mis hermanos.
(나는) 나의 형제들과 영화관에 갑니다.

Vas a la universidad los sábados.
(너는) 토요일마다 대학교에 간다.

❷   **ir + a + inf.** (동사원형) : ~을 하려고 한다 (미래)

Los chicos van a ir a la playa.
소년들은 해변에 가려고 합니다.

Voy a cenar en un restaurante chino.
(나는) 중국식당에서 저녁식사를 하려고 합니다.

 ## 9-3. 제멋대로 불규칙동사 2. tener

tener 동사는 영어의 **have** 동사에 해당합니다.
'가지다'의 의미 외에도 다양하게 사용되는 중요한 동사입니다
1인칭에서 **tengo** (**-go**형)으로의 변화와 어간의 **e** 가 **ie** 로 변하는 패턴을 눈여겨봐야겠습니다.
이러한 불규칙 변화는 다음 제11과에서 조금 더 자세히 다뤄보도록 하겠습니다.

From **basic greetings** and **expressions** to **grammar** and **conversations!**

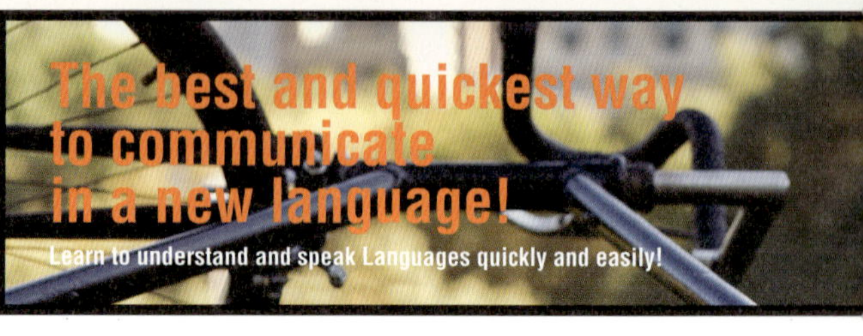

단수		복수	
yo	tengo	nosotros	tenemos
tú	tienes	vosotros	tenéis
él/ella/Ud.	tiene	ellos/ellas/Uds.	tienen

tener 와 같은 유형으로 변화하는 동사
venir (오다)   **vengo vienes viene venimos venís vienen**

(**hermano/-a {m,f}** 형제/자매, **profesor {m,f}** 교수, **mesa {f}** 책상, **grande** 큰, **que** ~해야 할/~
할 (접속사), **regresar** 돌아가다, **oficina {f}** 사무실, **preparar** 준비하다, **respuesta {f}** 답변)

❶   **tener** : ~을 가지다

Tengo dos hermanos.

(나는) 형제가 둘 있습니다.

El profesor tiene una mesa grande.

교수님은 큰 책상을 하나 가지고 있습니다.

❷   **tener que + inf.** (동사원형) : ~을 해야 한다 (의무)

의무를 나타내는 표현 **tener que** 에서 **que** 는 접속사이며 동사원형 앞에서 '~해야 할/~할'로
해석됩니다.

Tengo que regresar a la oficina.

(나는) 사무실로 돌아가야 합니다.

Tienes que preparar las respuestas.

(너는) 답변들을 준비해야 해.

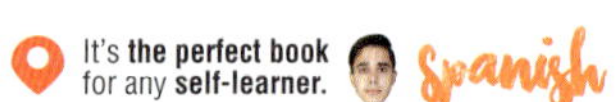

❸   **tener** + 명사 : 특수 관용구

'**tener** + 명사'의 형태로 특수관용구를 표현할 수 있습니다. **tener** (가지다) + **frío** (추위)의 경우
직역하면 '추위를 가지다'이지만 관용적 표현으로 '춥다'의 뜻으로 해석됩니다.

frío (추위) :   **Tengo frío.**
                 (나는) 춥습니다.

calor (더위) :   **No tenemos calor.**
                 (우리는) 덥지 않습니다.

hambre (배고픔) :   **¿Tenéis hambre?**
                 (너희들) 배고프니?

 **9-4. 제멋대로 불규칙 동사 3. haber**

haber 동사의 사전적 의미는 '~을 가지다', '~이 있다'이지만, 특별한 의미를 가지지 않고
영어의 '**have** + 과거분사'처럼 '완료시제'를 사용할 때의 조동사로 사용합니다.
스페인어 동사 중 가장 종잡을 수 없이 변화하는 불규칙 동사의 '끝판왕'이라고 할 수 있습니다.

단수		복수	
yo	he	nosotros	hemos
tú	has	vosotros	habéis
él/ella/Ud.	ha	ellos/ellas/Uds.	han

우리는 아직 '과거분사'를 공부하지 않았기 때문에 이번 강의에서는 '~이 있다'의 의미를
중심으로 **haber** 동사를 살펴보겠습니다. 이때의 **haber** 동사는 3인칭 단수로만 사용되는데,
본래 형태인 **ha** 가 아닌 특수형 **hay** 로 쓰입니다.

From **basic greetings** and **expressions** to **grammar** and **conversations!**

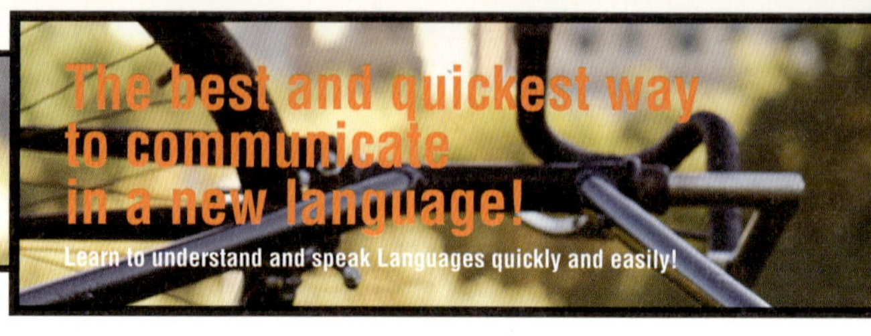

hay 는 보통 영어의 **there is ~ / there are ~** 와 비교합니다. '~에 ~가 있다' 처럼 위치를
나타내기 위함이 아닌 '~이 있다', 즉 '존재 유무 자체' 만을 나타냅니다. 주어에 따라 동사를 단/
복수로 변화시키지 않고 오로지 **hay** 형태로만 사용됩니다.

(**alumno/-a {m,f}** 학생, **en** ~안에, **clase {f}** 교실, **parque {m}** 공원, **árbol {m}** 나무, **muchos** 많
은, **casa {f}** 집, **nadie** 아무도)

Hay unos alumnos (en la clase).
(교실에) 몇몇 학생들이 있습니다.

(En el parque) Hay muchos árboles.
(공원에) 나무들이 많이 있습니다.

No hay nadie (en casa).
(집에) 아무도 없습니다.

hay 동사는 대상의 '존재 유무'를 나타내는데 포커스가 맞춰져있기 때문에 위 예문과 같이
위치 표현을 생략해도 됩니다. **hay** 문장에서 위치 정보는 부가적 설명으로 여겨지기 때문에
문장의 앞, 뒤에 모두 위치할 수 있습니다.

9-5. hay 와 estar 사용법 비교하기!

그렇다면 앞서 배운 같은 의미의 **estar** (~이 있다) 동사와 **hay** 는 어떻게 차이가 있는지
확인해볼 필요가 있겠습니다. 이 둘의 사용법은 분명하게 구별되는데요, 특정한 주어(고유명사/
정관사)의 위치를 나타낼 때에는 **estar** 를, 불특정 주어의 존재 유무를 나타낼 때에는 **hay** 를
씁니다.

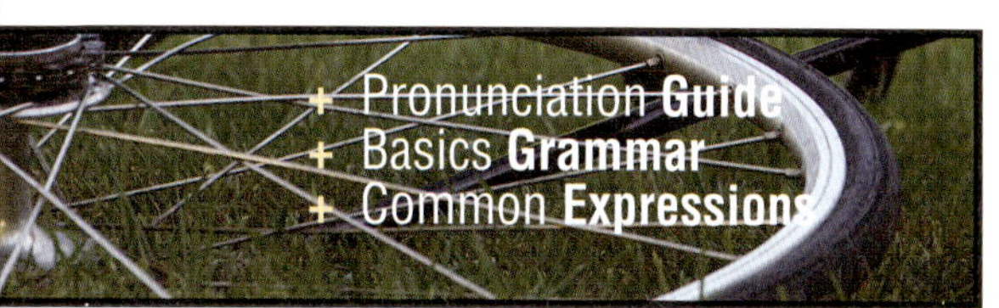

(**mascota {f}** 애완동물, **turista {m,f}** 관광객, **Europa {f}** 유럽, **delante de** ~앞에, **hotel {m}** 호텔)

Hay una mascota en mi casa.
나의 집에는 한 마리의 애완동물이 있습니다. (존재 유무 표현)

En España hay muchos turistas.
스페인에는 관광객들이 많이 있습니다. (존재 유무 표현)

España está en Europa.
스페인은 유럽에 있습니다. (위치 표현)

Los turistas están delante del hotel.
관광객들이 호텔 앞에 있습니다. (위치 표현)

From basic greetings and expressions to grammar and conversations!

multi Plus
Learn to understand and speak Languages quickly and easily!

126

09+.
Capítulo 09+ Multi Plus
스페인어가 든든해지는 멀티플러스!

친하게 된 스페인어 동사가 많아질수록 여러분의 스페인어 문장력은 더욱 돈독해집니다.
앞서 공부한 ir (가다) 동사와 함께 '오고 가는 동사' 일명 '왕래발착동사'를 정리해보겠습니다.
아울러 의문사와 함께 여러분의 회화능력을 뻥! 튀겨 보겠습니다.

It's the perfect book for any self-learner.
Spanish

9-1+. 쫌 잘 나가는 스페인어의 '오고 가는 동사'

9과에서 만난 **ir** (가다)동사와 더불어 '오다/출발하다/도착하다/돌아오다' 등 일상에서 자주 사용되는 일명 '왕래발착동사'를 정리해보겠습니다. 위 동사들의 특징은 보통 전치사(**de** ~로 부터, **a** ~로)와 함께 사용합니다. '동사 + **de** + 출발지', '동사 + **a** + 목적지'의 형태입니다.

❶   venir 오다

¿Vienes de Corea?
(너) 한국에서 왔니?

Sí, vengo de Corea.
응, (나는) 한국에서 왔어.

❷   salir 출발하다/나가다

(**avión {m}** 비행기, **a las 3** 3시에, **hermano/-a {m,f}** 형제/자매)

El avión sale a las 3.
비행기가 3시에 출발합니다.

Mi hermana no sale de casa.
나의 언니는 집에서 나가지 않습니다.

❸   llegar 도착하다

(**a tiempo** 제시간에, **escuela {f}** 학교)

Practical, **Useful** and
Easy-To-Understand Lessons!

El avión llega a las 3.

비행기가 3시에 도착합니다.

Yo llego a tiempo a la escuela.

나는 학교에 제시간에 도착합니다.

❹ volver 돌아오다

(**pronto** 곧, **país extranjero {m}** 외국)

¿Vuelves pronto a casa?

집에 곧 돌아올 거니?

Él vuelve del país extranjero.

그가 외국에서 돌아온다.

9-2+. 스페인어 의문사, 생활회화에 보태기!

질문을 많이 해야 스페인어 실력도 팍팍 늡니다!
의문문은 생활회화의 지배자라 해도 과언이 아닙니다. 여러분의 질문 능력 향상을 위해
스페인어 의문사를 간단 정리해보는 시간을 준비했습니다. 조금 더 구체적인 설명과 예문은
제14과에서 다루게 됩니다. 이번 과는 살짝 달구기로 생각하시면 됩니다.

누가?	언제?	어디서?
quién	**cuándo**	**dónde**

무엇을?	어떻게?	왜?
qué	**cómo**	**por qué**

(**primo/-a {m,f}** 사촌, **próximo mes** 다음 달, **éso** 그것, **ésto** 이것, **coche {m}** 자동차, **alto/-a** 키가 큰, **enfermo/-a** 아픈)

❶ ¿Quién es ella?
그녀는 누구니?

Ella es mi prima.
그녀는 내 사촌이야.

❷ ¿Cuándo vas a España?
(너) 스페인에 언제 가니?

Voy a España el próximo mes.
(나는) 다음 달에 스페인에 가.

❸ ¿Dónde vives?
(너) 어디 사니?

Vivo en Las Palmas.
(나는) 라스 팔마스에 살아.

❹ ¿Qué es eso?
그것은 무엇이니?

Esto es un coche.
이것은 자동차야.

❺ ¿Cómo es tu mamá?
너희 어머니는 어떠시니? (묘사)

Mi mamá es alta.
우리 엄마는 키가 크셔.

❻ ¿Por qué no vienes a la clase?
(너) 왜 수업에 안 오니?

Estoy enfermo.
(나는) 아픈 상태야.

Practical, **Useful** and **Easy-To-Understand** Lessons!

129

The best and quickest way
to communicate in a new language!
Learn to understand and speak Languages quickly and easily!

130

10.
Capítulo 10
스페인어의 불규칙동사 2.
Entendemos español.
(우리는) 스페인어를 압니다.

스페인어 불규칙동사 연작시리즈 두 번째 시간입니다.
이번 시간에는 어간의 모음 한 개가 다른 형태로 변화하는 불규칙동사들을 만나 보겠습니다.
스페인어의 상당수 불규칙변화 동사들이 '어간 모음 변화' 동사에 속하지만 나름대로의 규칙이
있습니다. 또한 오로지 1인칭 단수(yo)에서만 불규칙한 변형을 가지는 동사들 중 그 형태가
-go 형으로 변하는 패턴의 동사들을 살펴보겠습니다.

It's the perfect book
for any self-learner.
Spanish

Entendemos español.
It's the perfect book for any self-learner.
From basic greetings and expressions to grammar and conversations!

 10-1. 스페인 사람들의 하염없이 긴 이름!

스페인은 뿌리 깊은 가톨릭 국가입니다.
스페인 사람들의 이름이 하염없이 긴 이유도 그들의 신앙심을 이름에 담고 있기 때문입니다.
진짜 이름에다 '마리아', '헤수스'(예수)는 기본적으로 넣고 이름을 짓습니다. 이슬람 문화 지배
하의 스페인이 '죽음 없이는 개종도 없다!'는 의식을 이름에 새겨 넣은 증거라고 볼 수도 있습니
다. 여기에다가 아버지 쪽 성과 어머니 쪽 성까지 넣으니까 한 사람의 이름이 5~6개로 이루어지
게 되는 것이죠. 그래서 스페인 사람의 이름의 구조는 맨 앞의 두세 개가 부르는 이름, 그리고
José María Jesús Torres de la Torre 의 경우 끝의 두 개 중 먼저 나오는 **Torre** 가
아버지로부터 물려받은 성이고 그 뒤를 이어 맨 끝에 나오는 **de la Torre** 가 어머니로부터
물려받은 성입니다.

 10-2. 어간모음변화 동사의 규칙성 탐구!

스페인어 정복에 있어서 스페인어 동사의 중요성과 불규칙동사의 학습 필요성은 절대적입니다.
스페인어를 잘하고 못하고는 동사에 달렸다고 해도 과언이 아닙니다.
그래서 지금 여러분께서는 스페인어 불규칙동사를 탐구하는 것이고요.

스페인어의 '어간모음변화' 불규칙동사는 **-ar, -er, -ir** 동사의 어미변화는 그대로 유지하되,
어간의 모음 한 글자가 추가로 변화하는 동사를 말합니다. 모음이 변화하는 형태에 따라
몇 가지 패턴으로 분류할 수 있습니다. 이번 과에서는 5개의 주요 어간 모음 변화 패턴을
다룰 것입니다. 단! 이때의 모음 변화는 복수 1, 2인칭에서는 일어나지 않습니다.

❶   어간모음 변화패턴 1 : **e ➔ ie**

어간모음 변화패턴 첫 번째는 어간모음 **e** 가 **ie** 로 바뀌는 동사들입니다.

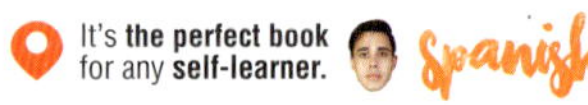

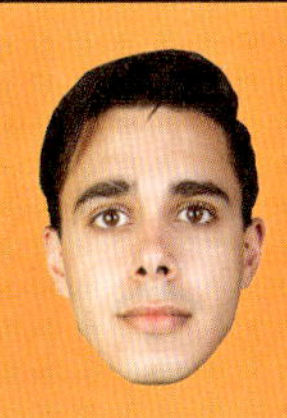

Entendemos español.

It's the perfect book for any self-learner.

pensar (생각하다) pienso piensas piensa
pensamos pensáis piensan
recomendar (추천하다) recomiendo recomiendas recomienda
recomendamos recomendáis recomiendan
entender (이해하다) entiendo entiendes entiende
entendemos entendéis entienden

대표적인 **e ➔ ie** 변화형 동사들은 다음과 같습니다.

comenzar (시작하다) empezar (시작하다) negar (부정하다)
encender (켜다) querer (사랑하다) perder (잃다)
mentir (거짓말하다) preferir (선호하다) sentir (느끼다)

(**familia {f}** 가족, **vino {m}** 와인, **francés** 프랑스의)

¿Piensas en tu familia?
(너는) 너의 가족을 생각하니?

¿Me recomiendas un vino francés?
나에게 프랑스 와인 한 병을 추천해줄래?

Nosotros entendemos español.
우리는 스페인어를 압니다.

❷ 어간모음 변화패턴 2 : **i ➔ ie**

어간모음 변화패턴 두 번째는 어간모음 **i** 가 **ie** 로 바뀌는 동사들입니다.

adquirir (얻다) adquiero adquieres adquiere
adquirimos adquirís adquieren
inquirir (조사하다) inquiero inquieres inquiere
inquirimos inquirís inquieren

i ➔ ie 변화형 동사들은 거의 없으므로 위의 두 개만 확실히!!! 알아두시면 됩니다.

From **basic greetings** and **expressions** to **grammar** and **conversations**!

(**segunda mano** 중고물품, **policía {m,f}** 경찰, **causa {f}** 원인, **accidente {m}** 사고)

Adquiero un coche de segunda mano.
(나는) 중고차 한 대를 구입합니다.

El policía inquiere la causa del accidente.
경찰이 사고의 원인을 조사합니다.

❸　　어간모음 변화패턴 3 : **o ➡ ue**

어간모음 변화패턴 세 번째는 어간모음 **o** 가 **ue** 로 바뀌는 동사들입니다.

contar (이야기하다)　　cuento cuentas cuenta contamos contáis cuentan
mostrar (보여주다)　　muestro muestras muestra mostramos mostráis muestran
dormir (자다)　　duermo duermes duerme dormimos dormís duermen

대표적인 **o ➡ ue** 변화형 동사들은 다음과 같습니다.

encontrar (찾다)　　　**recordar** (기억하다)　　　**poder** (할 수 있다)
volver (돌아오다)　　　**mover** (이동하다)　　　**morir** (죽다)

(**historia {f}** 이야기, **foto {f}** 사진, **bebé {m,f}** 아기, **todo el día** 하루 종일)

Ella me cuenta una historia.
그녀가 나에게 이야기 하나를 해줍니다.

Me muestran unas fotos.
(그들이) 나에게 사진 몇 장을 보여줍니다.

Los bebés duermen todo el día.
아기들은 하루 종일 잡니다.

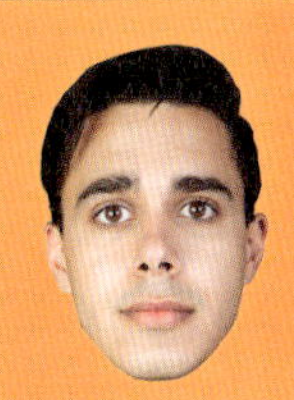

Entendemos español.

It's the perfect book for any self-learner.

❹ 어간모음 변화패턴 4 : **u ➜ ue**

어간모음 변화패턴 네 번째는 어간모음 **u** 가 **ue** 로 바뀌는 동사들입니다.

jugar (놀다) 　 juego juegas juega jugamos jugáis juegan

u ➜ ue 변화형 동사들은 거의 없으므로 위의 **jugar** 동사 한 개만 확실히!!! 알아두시면 됩니다.
jugar a + 스포츠/게임 명사는 '~스포츠/게임 등을 하다'라는 뜻입니다.

(**niño {m}** 어린이, **fútbol {f}** 축구, **carta {f}** 카드/편지)

Los niños juegan al fútbol.
아이들이 축구를 합니다.

Él y yo jugamos a las cartas.
그와 나는 카드놀이를 합니다.

❺ 어간모음 변화패턴 5 : **e ➜ i**

어간모음 변화패턴 다섯 번째는 어간모음 **e** 가 **i** 로 바뀌는 동사들입니다.

servir (쓸모 있다) 　 sirvo sirves sirve servimos servís sirven
repetir (반복하다) 　 repito repites repite repetimos repetís repiten

대표적인 **e ➜ i** 변화형 동사들은 다음과 같습니다.

seguir (따르다) 　 **conseguir** (획득하다) 　 **elegir** (고르다)
pedir (부탁하다) 　 **reír** (웃다) 　 **despedir** (작별하다) **vestir** (옷 입히다)

(**máquina {f}** 기계, **para** ~을 위하여/~에, **nada {f}** 아무것도, **alumno {m}** 학생, **palabra {f}** 단어)

Esta máquina no sirve para nada.
이 기계는 아무짝에도 쓸모가 없습니다.

From **basic greetings** and **expressions** to **grammar** and **conversations**!

Los alumnos repiten las palabras.
학생들은 단어를 반복합니다.

 ## 10-3. 1인칭단수 **-go** 형태 동사 탐구!

이번에는 1인칭단수 동사가 **-go** 형태로 변화하는 불규칙동사에 대해 알아보겠습니다.
이미 제10과에서 공부했던 **tener** 동사를 통해 우리는 1인칭단수(**yo**)에서 **-go** 형으로 변하는
동사를 살짝 맛봤습니다. 이번에는 어간모음이 바뀌면서 1인칭단수에서 **-go** 형태가 되는
동사까지 학습 대상에 포함시켜 살펴 보겠습니다.

poner (두다)   pongo pones pone ponemos ponéis ponen
venir (오다)   vengo vienes viene venimos venís vienen
salir (나가다)   salgo sales sale salimos salís salen
decir (말하다)   digo dices dice decimos decís dicen

1인칭 **-go** 변화형의 대표적인 동사들은 다음과 같습니다.

caer (떨어지다)   **hacer** (만들다/하다)   **valer** (~의 가치가 있다)
oír (듣다)   **traer** (가져오다)

(**carta** {f} 편지, **sobre** ~ 위에, **mesa** {f} 탁자/책상, **tran** {m} 기차, **nunca** 결코/절대 ~가 아닌,
verdad {f} 진실)

Vengo de Chile.
(나는) 칠레에서 왔습니다.

Pongo la carta sobre la mesa.
(나는) 편지를 책상 위에 놓습니다.

El tren sale a las seis.
기차는 6시에 떠납니다.

Él nunca dice la verdad.
그는 결코 진실을 말하지 않습니다.

 10-4. hablar 와 decir 용법 비교하기

우리말로는 둘 다 '말하다'로 해석되는 **hablar** 동사와 **decir** 동사가 어떻게 다르고,
따라서 어떻게 사용해야 하는지 분석해 보겠습니다.
워낙 자주 쓰는 동사여서 차이점을 올바로 익혀두셔야 합니다.

(**inglés {m}** 영어, **señora {f}** 아주머니, **algo** 뭔가 (대명사))

❶ hablar 동사 (**to speak**) : **hablar** 동사는 단독으로 쓰거나 언어명과 함께 사용합니다.

Hablo inglés.

(나는) 영어를 합니다.

Las señoras hablan mucho.

아주머니들은 말이 많습니다.

❷ decir 동사 (**to say / tell**) : **decir** 동사는 목적어와 함께 사용합니다.

Dice la verdad.

(그는/그녀는) 진실을 말합니다.

Ella dice algo.

그녀는 뭔가를 말합니다.

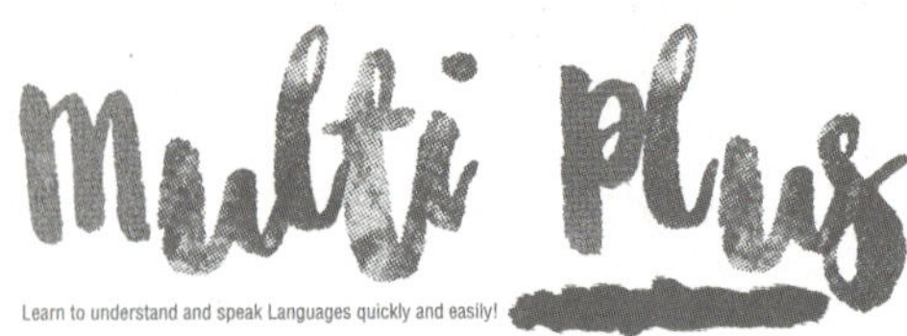

138

10+.
Capítulo 10+ Multi Plus
스페인어가 든든해지는 멀티플러스!

스페인 사람들이 시간을 말하는 방법! 시간표현에 대해 알아보는 시간입니다.
또한 시간표현과 관련된 단어들도 함께 공부해보겠습니다.

It's **the perfect book**
for any **self-learner.** *Spanish*

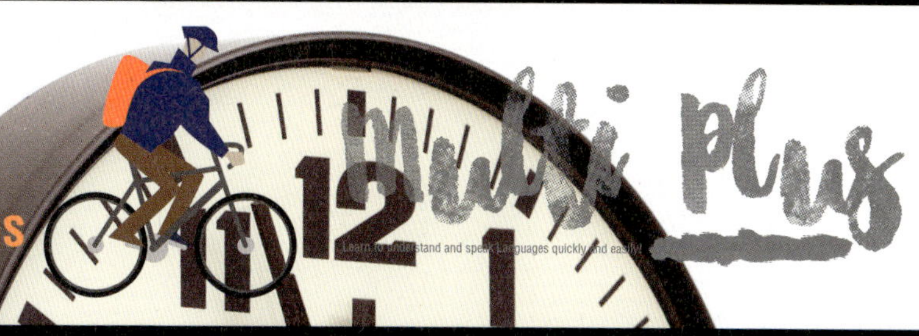

10-1+. 스페인어로 시간 묻기 1.

스페인어로 시간을 묻는 표현은 간단합니다.
의문형용사 **qué** 와 시간을 뜻하는 명사 **hora**, 그리고 **ser** 동사를 활용합니다.
시간을 답하는 방법 역시 매우 간단한데요, 'ser + la(s) + 숫자'의 형식으로 말하면 됩니다.
(단! 1시일 때만 단수형을 취하고 나머지 시간은 복수형입니다.)

¿Qué hora es (ahora)?
(지금) 몇 시입니까?

Es la una.
1시입니다.

Son las dos.
2시입니다.

Son las tres.
3시입니다.

시와 분을 연결해보겠습니다. 시와 분은 접속사 **y** (그리고)로 연결합니다.
15분과 30분을 나타낼 때는 각각 '쿼터'(1/4)와 '반'의 의미로 **cuarto / media** 를 쓸 수 있습니다.

Son las seis y diez.
6시 10분입니다.

Son las siete y cuarto.
7시 15분입니다.

Son las ocho y media.
8시 30분입니다. (8시 반입니다.)

139
Practical, **Useful** and
Easy-To-Understand Lessons!

'~시 ~ 분 전'이라는 표현을 배워보겠습니다. 우리말처럼 스페인어에서도 즐겨 사용되는 표현입니다. '전'은 **menos** 입니다.

Son las once menos cinco.
11시 5분 전입니다.

Son las doce menos diez.
12시 10분 전입니다.

10-2+. 스페인어로 시간 묻기 2.

시간을 묻는 또 다른 중요한 표현이 '몇 시에 ~ 합니까?'입니다.
특정한 시간을 말할 때는 전치사 **a** 를 사용하며, 물을 때는 전치사 **a** 를 의문사 앞에 놓으면 됩니다.

(**empezar** 시작하다, **terminar** 끝나다, **inglés {m}** 영어, **y** 그리고/그러면)

¿A qué hora empieza la clase de inglés?
몇 시에 영어수업이 시작합니까?

Empieza a las 3.
3시에 시작합니다.

Y ¿A qué hora termina?
그러면 몇 시에 끝납니까?

Termina a las 5 y media.
5시 반에 끝납니다.

10-3+. 스페인어 주요 시간 관련 표현 정리!

mediodía **medianoche**
정오   자정

ayer   **hoy**   **mañana**
어제   오늘   내일

día   **semana**   **mes**   **año**
날/하루   주   월   해

10-4+. 스페인어 결정적 한 단어! (찬사 표현)

¡Bueno!
좋아!

¡Genial!
대단해요!

¡Maravilloso!
놀라워요!

¡Fantástico!
환상적이예요!

¡Perfecto!
완벽해요!

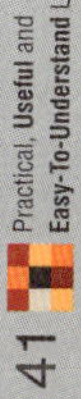

The best and quickest way
to communicate in a new language!
Learn to understand and speak Languages quickly and easily!

¿Puedes
ayudarme?

It's the perfect book for any self-learner.

142

11.
Capítulo 11
스페인어 회화능력 폭발, 동사구와 날씨표현!
¿Puedes ayudarme?
(나) 좀 도와줄 수 있니?

이번 시간에는 여러분의 스페인어 표현력 포텐을 터트려줄 강력한 도우미, 동사구를 소개합니다. 동사구란 일반적으로 동사 두 개가 나란히 쓰이는 경우를 말합니다. '~할 수 있다', '~하고 싶다'와 같이 일상생활에 자주 사용하는 표현들입니다. 또한 생활회화에 빠질 수 없는 스페인어의 날씨표현도 함께 살펴보도록 하겠습니다. 이번 강의에서 배우게 될 주요 동사들은 대다수가 불규칙동사입니다. 불규칙동사 복습까지 한번에 해결할 수 있는 일석이조의 기회가 되겠습니다.

Spanish

From basic greetings and expressions to grammar and conversations!

 11-1. 스페인의 식사매너!

스페인 사람에게 눈칫밥 안 먹는 식사매너가 있습니다. 5가지만 기억해 주십시오!

❶ 음식을 먹을 때, 소리를 내지 않습니다. ('후루룩 쩝쩝' 하면 굶고 사는 줄 압니다.)
❷ 식사는 담소와 함께 합니다. (말도 없이 식사만 하면 화난 줄 압니다.)
❸ 오른 손에는 나이프, 왼손에는 포크가 기본입니다. (식사 도중에 자주 바꿔 잡는 것은
좋지 않으며, 양손은 항상 보이도록 테이블 위에 놓습니다.)
❹ 빵, 해산물, 햄은 맨손으로 집어서 먹습니다. (손은 레몬 핑거볼에 씻습니다.)
❺ 식사의 개시는 안주인의 신호를 따릅니다. (식사인사도 잊지 마세요! **¡Buen provecho!** :
맛있게 드세요!)

11-2. 스페인어의 동사구 1. (**poder** 동사)

동사구란 쉽게 말해 동사 두 개가 나란히 쓰이는 경우를 말합니다.
우리에게 이미 익숙한 구조인 영어의 '조동사+본동사(동사원형)'의 형태로 설명할 수 있습니다.
poder 동사는 '~할 수 있다'의 의미로 영어의 '**can**+동사원형'에 해당합니다.
먼저 불규칙 동사인 **poder** 의 변화형부터 알아보도록 하겠습니다.

poder (~할 수 있다) **puedo   puedes puede   podemos podéis pueden**

poder 동사는 스페인어의 대표적인 불규칙동사 유형인 '어간모음변화동사'에 속합니다.
poder 동사는 어미변화는 그대로 유지하되 어간의 모음이 **o ➡ ue** 로 변화하는 패턴입니다.

(**realizar** 실현하다, **plan {m}** 계획, **aparcar** 주차하다, **coche {m}** 자동차, **aquí** 여기, **ayudar** 돕
다, **me** 나를)

Yo puedo realizar ese plan.

나는 그 계획을 실현할 수 있습니다.

No podemos aparcar el coche aquí.

(우리는) 여기에 차를 세울 수 없습니다.

¿Puedes ayudarme?

나를 좀 도와줄 수 있니?

¿Puedes ayudarme? ((나) 좀 도와줄 수 있니?)에서 **me** 는 '나를'의 뜻을 가지는 직접목적격 대명사입니다. (제9과에서 학습하신 바 있습니다.) 본래 '목적격 대명사는 직목, 간목 상관없이 동사의 앞에 위치한다'고 공부하였지만 이 문장과 같이 조동사+원형동사+목적격대명사가 함께 쓰이는 경우, 목적격 대명사는 띄어쓰기 없이 동사 뒤에 착! 달라붙거나 또는 조동사 앞에 위치할 수 있습니다.

📍 11-3. 스페인어의 동사구 2. (querer 동사)

querer 동사는 '원하다/사랑하다'의 뜻입니다.
Te quiero. (너를 사랑해.)에서와 같이 사람을 목적어로 취할 경우 '사랑하다/좋아하다'의 의미를 갖지만, **querer** 동사 뒤에 동사원형이 나란히 온다면 '원하다'의 의미로 해석됩니다. 영어의 '**want to** 동사원형'에 해당합니다. **querer** 동사 역시 어간 모임이 변화하는 불규칙 동사입니다. **querer** 동사는 어간모음이 **e ➡ ie** 로 변화하는 패턴입니다.

querer (원하다/사랑하다) **quiero quieres quiere queremos queréis quieren**

(**comer** 먹다, **pan {m}** 빵, **o** 또는 (접속사), **arroz {m}** 밥/쌀, **ir** 가다, **a** ~로 (전치사), **muchacho {m}** 소년, **ser** ~이 되다, **futbolista {m}** 축구선수)

¿Quieres comer pan o arroz?

(너는) 빵을 먹고 싶니 밥을 먹고 싶니?

Quiero ir a España y América Latina.

(나는) 스페인과 라틴아메리카에 가고 싶습니다.

Ese muchacho quiere ser futbolista.

그 소년은 축구선수가 되고 싶어 합니다.

11-4. 스페인어의 동사구 3. (deber 동사)

deber 동사는 '해야 한다'의 뜻으로 의무를 나타냅니다.
영어의 조동사 **must** 와 같죠. **deber + inf.** 는 **tener + que + inf.** 와 동일한 의미로 사용할 수 있습니다.

deber (해야 한다) debo debes debe debemos debéis deben

(**llegar** 도착하다, **estación {f}** 역, **a tiempo** 정시에, **presentar** 제출하다, **tarea {f}** 과제, **hasta** ~까지, **viernes {m}** 금요일, **regresar** 돌아가다, **casa {f}** 집)

Debemos llegar a la estación a tiempo.

(우리는) 역에 정시에 도착해야 합니다.

Vosotros debéis presentar la tarea hasta el viernes.

너희들은 금요일까지 과제를 제출해야 한다.

Ellas deben regresar a casa hasta las 11.

그녀들은 11시까지 집에 돌아가야 합니다.

 11-5 . hacer 동사로 스페인 날씨를 말하다!

어디서나 처음 만나는 사람과 말문을 틀 때,
가장 자연스러운 방법은 날씨 이야기를 나누는 것입니다.
좋으면 좋은 대로 나쁘면 나쁜 대로 항상 통하는 궁극의 일상 테마죠.
스페인어의 날씨표현은 독특하게도 '~하다/~을 만들다'의 뜻을 가지는
hacer 동사를 사용합니다.
hacer 동사는 1인칭단수 **-go**형 변화 불규칙동사입니다.

hacer (~하다/~을 만들다) **hago   haces   hace   hacemos   hacéis   hacen**

hacer 동사의 3인칭단수형 'hace + 날씨 관련 명사' 형태로 날씨를 표현할 수 있습니다.
이때의 **hace** 는 '~을 만들다'의 의미입니다. 과거의 스페인 사람들은 '날씨를 신이 만든다'라고
여겼기 때문에 **hacer** 의 3인칭단수를 활용하여 **¿Qué tiempo hace hoy?** (신께서) 오늘은
어떤 날씨를 만드셨니?), **Hace calor.** (더위를 만드셨어.)라고 표현하게 되었습니다. ^0^

(**qué** 어떤/무슨 (의문사), **tiempo {m}** 날씨, **hoy** 오늘, **en** ~에/~안에 (전치사), **viento {m}** 바람,
isla {f} 섬)

¿Qué tiempo hace hoy?

오늘 날씨 어때요?

Hace sol en Seúl.
서울은 해가 쨍쨍합니다.

Hace viento en la Isla Jeju.
제주도에는 바람이 붑니다.

hacer 동사로 표현할 수 있는 다양한 날씨 표현들을 함께 알아보겠습니다.

(**buen** 좋은, **mal** 나쁜, **fresco {m}** 선선함, **sol {m}** 태양)

hace + buen tiempo		날씨가 좋다
mal tiempo		날씨가 나쁘다
fresco		선선하다
sol		해가 쨍쨍하다
viento		바람이 분다

 **11-6. 날씨를 표현하는 여러 동사들!**

날씨하면 빠질 수 없는 표현이 '비/눈이 내리다'입니다.
이 두 표현은 '**hace**+명사'로 표현하지 않고 **llover** (비가 오다), **nevar** (눈이 오다)의 뜻을
가진 본래의 동사를 변화시켜 사용합니다. **llover** 와 **nevar** 는 어간의 모음이 각각 {o ➜ ue},
{e ➜ ie} 로 변화합니다. (어간모음변화)

날씨표현과 같이 행위의 주체가 정확히 드러나지 않는 경우를 '비인칭주어'라 칭하며,
3인칭 단수형을 씁니다.

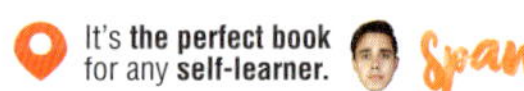

llover (비가 오다) lluevo llueves llueve llovemos llovéis llueven
nevar (눈이 오다) nievo nievas nieva nevamos neváis nievan

(**Londres** 런던, **nunca** (부사) 결코/절대 ~ 가 아닌, **verano** {m} 여름)

En Londres llueve mucho.

런던에는 비가 많이 옵니다.

En verano nunca nieva.

여름에는 결코 눈이 오지 않습니다.

From **basic greetings** and **expressions** to **grammar** and **conversations**!

Multi Plus

Learn to understand and speak Languages quickly and easily!

150

11+.
Capítulo 11+ Multi Plus
스페인어가 든든해지는 멀티플러스!

음식이 맛있기로 유명한 스페인입니다. 스페인의 수많은 맛집탐방을 위해 여행자를 위한 식당용 스페인어 회화표현을 준비했습니다.

11-1+. **querer** 동사로 끝내는 식당용 스페인어 회화!

querer (원하다/~를 하고 싶다)만 알면, 주문은 해결됩니다.

(**plato {m}** 접시, **pescado {m}** 생선, **algo {m}** 무언가/어떤 것, **pedir** 주문하다, **para** ~에 대해, **beber** 마시다, **cerveza {f}** 맥주, **frío/-a** 시원한)

¿Qué quiere Ud.?
무엇을 원하십니까?

Quiero un plato de pescado.
생선 요리를 원합니다.

¿Quiere pedir algo para beber?
마실 것을 주문하시겠습니까?

Quiero una cerveza fría.
시원한 맥주 한 잔을 원합니다.

11-2+. 동사구로 완전정복, 식당용 스페인어 회화 모음!

식당에서의 기본회화 3단계는 '주문 〉 식사 〉 계산'입니다.
이 3단계는 만능단어 **Por favor** 와 **querer**, **poder** 조동사 콤비로 해결할 수 있습니다.

❶　　식당용 스페인어 회화 1단계 : 주문

스페인 식당에서 주문을 하려거나 종업원을 부를 때, **¡Por favor!** 라고 말하면 됩니다.

(**carta {f}** 메뉴판, **recommendar** 추천하다, **menú {m}** 메뉴, **bistec {m}** 스테이크, **con** ~와 함께, **patata {f}** 감자, **frito/-a** 튀긴, **agua mineral {m}** 탄산수, **postre {m}** 디저트)

La carta, por favor.
메뉴판 주세요.

¿Puede recomendarme un menú?
메뉴 하나 추천해주시겠습니까?

Quiero un bistec con patatas fritas.
Y agua mineral, por favor.
감자튀김을 곁들인 스테이크를 원합니다. 그리고 탄산수 주세요.

No quiero postre.
디저트는 원하지 않습니다.

❷ 식당용 스페인어 회화 2단계 : 식사

스페인에서는 식사할 때 편하게 대화를 나눕니다.
그리고 음식을 먹을 때 씹는 소리를 내지 않는 것이 기본적인 식사예절입니다.
식사 중에 사용하는 다양한 표현들을 함께 보겠습니다.

(**provecho {m}** 이익/유용, **carne {f}** 고기, **rico/-a** 맛있는, **crudo/-a** 덜 익은, **cocinar** 익히다, **un poco** 조금, **más** 더)

¡Buen provecho!
맛있게 드세요!

¡Está muy rico!
아주 맛있네요!

La carne está cruda.
고기가 덜 익었네요.

¿Puede cocinar un poco más la carne?
고기를 조금 더 익혀주실 수 있나요?

❸   식당용 스페인어회화 3단계 : 계산

스페인에서는 자신이 식사한 테이블에서 계산합니다.
식사비는 각자 계산하는 더치페이가 일반적입니다.
계산을 마치고 나설 때 테이블 위에 약간의 팁 (**propina**)을 남기는 것 또한 기본 예절입니다.

(**cuenta {f}** 영수증, **cuánto** 얼마나, **pagar** 지불하다, **tarjeta {f}** 카드, **separadamente** 분리된)

La cuenta, por favor.
계산서 주세요.

¿Cuánto es?
얼마죠?

¿Puedo pagar con tarjeta?
카드로 결제할 수 있나요?

Queremos pagar separadamente.
(우리는) 각자 계산하길 원합니다.

11-3+. 스페인 요리의 진수!

스페인 음식하면 떠오르는 대표 음식 3인방을 소개하겠습니다.
먼저 첫 번째는 츄러스 (**churros**)입니다. 스페인의 대표적 길거리 음식으로 밀가루 반죽을 길게
뽑아내 튀겨 진한 초콜릿을 듬뿍 찍어 먹는 스낵입니다. 츄러스 위에 설탕과 시나몬을 뿌려 풍미
를 더하지요. 초콜릿 외에도 기호에 따라 다른 소스를 곁들일 수 있습니다. 두 번째 요리는 스페
인의 대표 안주 타파스 (**tapas**)입니다. 적당한 크기의 접시 위에 작은 요리들이 여러 개 나옵니
다. 보통은 한 손에 집을 수 있는 크기의 요리들이기에 안주거리로 여겨집니다. 세 번째는 빠에
야 (**paella**)입니다. 빠에야는 한마디로 스페인식 볶음밥입니다. 빠에야 전용팬에 해산물과 토마
토소스, 크림소스 또는 오징어 먹물소스를 넣고 볶아내는 '밥요리'입니다. 가정에서도 쉽게 해먹
는 스페인 가정식의 진수이기도 하지요.
스페인 여행을 다녀왔다는 말은 위의 3가지 음식의 깊은 맛을 알고 있다는 뜻이기도 합니다!

153 Practical, **Useful** and **Easy-To-Understand** Lessons!

Yo sé tocar el piano.

It's the perfect book for any self-learner.

12.
Capítulo 12
스페인어 기타 불규칙동사와 독특한 구조의 동사들!
Yo sé tocar el piano.
나는 피아노를 칠 줄 압니다.

스페인어의 매우 독특하게 변화하는 불규칙동사에 대해 알아보겠습니다. 이전 과에서 다루었던 1인칭 -go 형 동사와 같이 오로지 '1인칭 단수'에서만 특별한 변화를 하되 -go 형이 아닌 또 다른 특별함을 가진 동사들입니다. 또한 독특한 형태 뿐만 아니라 스페인어 문장 전체를 독특한 구조로 만드는 재귀동사, 거꾸로 동사(역구조 동사)를 함께 공부해보겠습니다. 일상생활에서 매우 자주 사용하는 동사여서 꼭 챙기서야 합니다.

155
Practical, Useful and
Easy-To-Understand Lessons!
From basic greetings and expressions to grammar and conversations!

12-1. 당신이 스페인어를 한다면?

여러분이 스페인어를 하는 것만으로 이미 스페인 사람들은 환영의 마음을 열 것입니다.
물론 세상 어느 구석을 가나 도시 깍쟁이들은 있는 법이지만, 대도시를 살짝만 벗어나도
여러분이 현지인에게 스페인어로 길을 묻고, 스페인어로 상품을 구매하는 모습을 보이면
그들은 아마도 여러분의 예상을 훌쩍 뛰어넘는 친절을 베풀기 시작할 것입니다.
마음씨 좋아 보이는 어르신 한번 붙잡고 길이라도 물어보세요. 아마도 십중팔구는
여러분의 손을 잡아끌고 목적지까지 안전하게 데려다 주려고 할 것입니다. ^__^

12-2. 독특한 형태로 변화하는 기타 불규칙동사!

앞서 만나 본 **hacer**, **salir** 와 같이 1인칭 단수(**yo**)에서만 특별한 변형을 가지지만
그 형태가 본래 동사원형을 전혀 상상할 수 없을 만큼 제멋대로인, 진정한 의미의 불규칙 동사
5종을 소개합니다. 나머지 인칭은 신경 쓰지 마시고 오로지 1인칭 단수에만 집중하면
되겠습니다. 불규칙동사를 가장 효과적으로 학습하는 방법은 최대한 입으로 소리 내어 읽고
반복하는 것입니다.

(**lugar {m}** 장소/곳, **camión {m}** 트럭, **coche {m}** 자동차, **porqué {m}** 이유/원인, **tarjeta {f}** 명함)

 **①** **conocer** (경험하다 / 알고 있다)

conozco / conoces / conoce / conocemos / conocéis / conocen

¿Conoces este lugar?
이곳을 아니? (이곳에 와본 적이 있니?)

❷ **conducir** (운전하다 / 운반하다)

conduzco / conduces / conduce / conducimos / conducís / conducen

Él conduce un camión.
그는 트럭을 운전합니다.

❸ **producir** (생산하다)

produzco / produces / produce / producimos / producís / producen

En Corea, producen muchos coches.
한국에서는 자동차를 많이 생산합니다.

❹ **saber** (알다)

sé / sabes / sabe / sabemos / sabéis / saben

No sé porqué.
왜 그런지 모르겠습니다.

❺ **ver** (보다)

veo / ves / ve / vemos / veis / ven

Veo tu tarjeta.
(나는) 너의 명함을 본다.

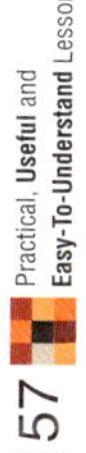

157 Practical, **Useful** and **Easy-To-Understand** Lessons!

From **basic greetings** and **expressions** to **grammar** and **conversations**!

 12-3. 스페인어의 재귀동사!

재귀동사란? '자기 자신이 목적어가 되어 행위의 결과가
자신에게 돌아옴을 표현하는 동사'입니다.
일반적으로 '타동사+재귀대명사'의 형태로 생겼습니다.
이때 재귀대명사는 인칭에 따라 변화하고, 원형일 때는 **se** 를 씁니다.
그리고 그 의미는 동사의 의미에 따라 '나 자신을~', '나 자신에게~ '로 모두 해석될 수 있습니다.
예를 들어 '일으켜 세우다'의 뜻을 가지는 **levantar** 동사가 재귀대명사와 함께 **levantarse** 라는
재귀동사로 쓰이면 '나는 나를 일으켜 세우다' 즉 '나는 일어난다'로 해석되는 것입니다.
이러한 구조를 재귀표현이라 합니다. 우리의 언어 표현 방식과 비교하면
그야말로 뜬금없는 어법이라 할 수 있죠. ㅋ

(**a** 동사의 목적어가 사람일 때 '~을/를'로 해석, **levantar** 일으키다, **levantarse** 일어나다 (재귀
동사), **hijo {m,f}** 아들/딸, **temprano** 일찍)

Yo levanto a mis hijos.
나는 나의 아이들을 일으킵니다. (타동사)

Me levanto temprano.
(나는) 나를 일찍 일으킵니다. (나는 일찍 일어납니다.) (재귀동사)

 12-4. 스페인어의 재귀대명사!

재귀동사는 언제나 **myself**, **yourself**, **himself** ... 처럼 자기 자신을 일컫는
'재귀대명사'가 필요합니다.
재귀동사와 재귀대명사는 항상 같이 쓰이는 단짝입니다.
다음의 표를 보시면, 앞서 배운 '목적격인칭대명사'와 많이 닮았음을 알 수 있습니다.
재귀대명사는 6개의 형태가 있으며, 대표격으로 쓸 때는 **se** 로 표시합니다.
그래서 보통 동사와 재귀대명사가 어우러진 '재귀동사'의 원형은 '타동사+**se**'형으로 씁니다.

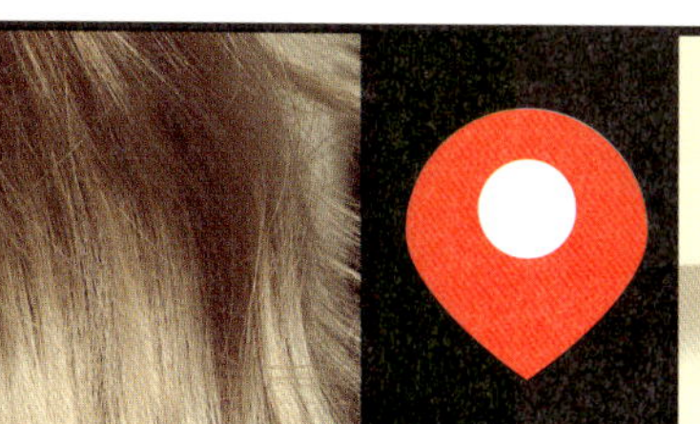

예를 들면 **levantarse** 하는 식으로요. 다른 대명사들과 마찬가지로 문장에서의 위치는 동사의 앞, 또는 동사원형일 경우 동사원형 뒤에 띄어쓰기 없이 붙여 씁니다.

재귀대명사

	단수	복수
1인칭	**me**	**nos**
2인칭	**te**	**os**
3인칭	**se**	**se**

 12-5. 재귀동사로 일상을 표현하다!

우리의 일상을 대변하는 대표적인 재귀동사를 소개합니다.
-se 로 끝나는 원형 재귀동사를 문장에서 활용할 때에는 **-se** 를 각각의 인칭에 맞게 변화시키되, 목적대명사와 마찬가지로 동사 앞에 놓아두면 됩니다.

despertarse	(깨다)	**sentarse**	(앉다)
levantarse	(일어나다)	**llamarse**	(이름이 ~이다)
enamorarse	(반하다)	**divertirse**	(즐겁게 지내다)
lavarse	(씻다)	**casarse**	(결혼하다)
ducharse	(샤워하다)	**acostarse**	(눕다)

(**mano {f}** 손, **aquí** 여기)

Me levanto a las siete.

나는 7시에 일어납니다.

Me lavo las manos.

나는 손을 씻습니다.

Se sienta aquí.

그는 여기 앉습니다.

Me acuesto a las once.

나는 11시에 잡니다.

 **12-6. 독특한 사용법의 gustar 동사!**

gustar 동사(~을 좋아하다)는 좀 특이합니다.
우리의 언어 정서와는 다소 차이가 있죠. **gustar** 는 한마디로 '주어와 목적어의 역할을 바꾸어
버리는 동사'입니다. '역구조동사'라고 하는데 일명 '거꾸로 동사'라고 불리기도 합니다.
원래는 '주어'가 '목적어'를 대상으로 영향을 미치는 게 일반적인데, **gustar** 동사가 있는 문장에서
는 '목적어'가 '주어'에게 영향력을 행사합니다. **gustar** 동사는 문장 속에서 거의 **gusta** (단수)와
gustan (복수), 2가지 형태로만 사용됩니다. 문장의 형태는 다음과 같습니다.

간접목적어 + **gusta** + 단수명사 / 동사원형.
간접목적어 + **gustan** + 복수명사.

의미는 '간접목적어가 명사를 **gustar** 합니다.'로 해석됩니다.
즉 구조는 이와 같지만 의미상으로는 '간접목적어'가 주어 역할을 하는 것입니다.
그래서 '역구조동사'라 부르는 것이지요. 참고로 간접목적격인칭대명사는 **me / te / le / nos /
os / les** 이며, 중복형을 다시 한 번 써줄 수 있습니다.

일반적 구조의 문장과 **gustar** 동사가 포함된 역구조 문장을 비교해보면 다음과 같습니다.

(**tocar** 연주하다, **piano {m}** 피아노, **viajar** 여행하다, **bicicleta {f}** 자전거, **esquiar** 스키 타다)

Yo + sé + tocar el piano.
S (주어) + V (동사) + O (목적어)
나는 피아노를 칠 줄 압니다.

Me +   gusta +   tocar el piano.
O (간목) +   V (동사) +   S (주어)
나는 피아노 치는 것을 좋아합니다.

Me gusta viajar.
나는 여행을 좋아합니다.

Nos gustan las bicicletas.
우리는 자전거를 좋아합니다.

¿Te gusta esquiar?
너 스키 좋아하니?

Sí, me gusta esquiar.
응, 나 스키 좋아해.

gustar 류 동사, 즉 **gustar** 동사와 동일한 사용법의 동사로는 다음이 있습니다.

doler (아프다)　　　　 duelo dueles duele dolemos doléis duelen
importar (중요하다)　　 importo importas importa importamos importáis importan
interesar (흥미를 가지다) intereso interesas interesa interesamos
　　　　　　　　　　　　 interesáis interesan

(**corazón {m}** 심장/마음, **diente {m}** 치아, **resultado {m}** 결과, **ese** 그, **asunto {m}** 사안/문제)

Me duele mucho el corazón.
나는 마음이 너무 아픕니다.

Me duelen los dientes.
나는 이가 아픕니다.

No me importa el resultado.
나는 결과가 중요하지 않습니다.

No le interesa ese asunto.
그는 그 일에 관심 없습니다.

From **basic greetings** and **expressions** to **grammar** and **conversations!**

Multi Plus

Learn to understand and speak Languages quickly and easily!

162

12+.
Capítulo 12+ Multi Plus
스페인어가 든든해지는 멀티플러스!

언제나 제일 중요한 것은 건강이죠. 특히 여행 중에 아프면 여행 망합니다.
그래서 준비한 아플 때 필요한 스페인어 회화표현!
그리고 스페인어로 서식을 작성할 때 필요한 다양한 표현들도 함께 알아보도록 하겠습니다.

12-1+. 아플 때 필요한 스페인어 여행회화!

여행 중에 아프면 정말 답이 없습니다. 약을 먹고 나을 수 있다면 참 좋겠지만 결국 병원에 가야 하는 상황도 대비해야 합니다. 약국과 병원을 이용할 때 필요한 주요 회화표현을 모아봤습니다. 증상을 표현할 때는 **doler** (아프다)와 **tener** (가지다) 동사가 주로 사용됩니다.

❶ 　 스페인어 여행회화 : 병원/약국 찾기

(**poder** 할 수 있다, **querer** 원하다/좋아하다, **farmacia {f}** 약국, **más** 더, **cercano/-a** 가까운, **llamar** 부르다, **ambulancia {f}** 구급차, **llevar** 데리고 가다, **al** 전치사 **a** 와 정관사 **el** 의 축약, **hospital {m}** 병원, **reservar** 예약하다, **cheque médico {m}** 건강검진)

¿Dónde está la farmacia más cercana?
가장 가까운 약국은 어디 있습니까?

Llámeme una ambulancia.
구급차를 불러주세요.

¿Puede llevarme al hospital más cercano?
가장 가까운 병원으로 저를 데려다 주시겠습니까?

Quiero reservar un chequeo médico.
건강검진을 예약하고 싶습니다.

Practical, Useful and Easy-To-Understand Lessons!

❷ 스페인어 여행회화 : 증상 말하기

(**doler** 아프다, **cabeza** {f} 머리, **tener** 가지다, **fiebre** {f} 열, **mareo** {m} 어지럼증/멀미, **respirar** 호흡하다)

¿Qué le duele?
어디가 아프십니까?

Me duele la cabeza.
나는 머리가 아픕니다.

Tengo mucha fiebre.
(나는) 열이 많이 납니다.

¿Tiene mareos?
(당신은) 어지럽습니까?

No puedo respirar bien.
호흡을 잘할 수 없습니다.

❸ 스페인어 여행회화 : 주요 질병

gripe {m} 감기

mareo {m} 멀미/어지럼증

diarrea {f} 설사

dolor de estómago {m} 복통

quemadura {f} 화상

vómito {m} 구토

12-2+. 스페인어로 서식 작성하기!

여행을 하다 보면 서식을 작성해야 할 일이 많이 생깁니다.
개인정보가 있는 서식을 작성할 때 필요한 기본 내용을 알고 미리미리 단어를 익혀봅시다!

Complete esta ficha :
이 서식을 완성하시오.

Apelldio (성) : **KIM**

Nombre (이름) : **SU-MIN**

Nacionalidad (국적) : **Coreana**

Fecha de nacimineto (생년월일) : **28 08 1999**

Lugar de nacimiento (출생지) : **Seúl**

Estado civil (호저상태) · **Casado/-a** (기혼)

        Soltero/-a (미혼)

Profesión (직업) : **Estudiante** (학생) / **Empleado/-a** (회사원)

Dirección (주소) : **10-7 Cheongpa-dong Yongsan-gu Seúl Corea**

Teléfono (전화) : **010-1234-5678**

E-mail (이메일) : **Bookersbg@naver.com**

국적은 스페인어로 **nacionalidad (f)**, 여성냉사이기 때문에 인제나 여성형(**corcana**)을 씁니다.
주소를 기입할 때는 우리나라 방식과는 반대로 가장 작은 세부주소부터 씁니다.

**The best and quickest way
to communicate in a new language!**
Learn to understand and speak Languages quickly and easily!

Practice Useful and
Easy-to-Understand Lessons!

166

13.
Capítulo 13
스페인어의 전치사!
Voy a la piscina.
(나는) 수영장에 갑니다.

전치사는 명사 앞에 위치하면서 문장의 중요한 정보를 끌어 안고 가는 품사입니다.
특히나 잘 발달되어 있는 스페인어의 전치사는 그야말로 골라먹는 재미가 있는 품사입니다.
스페인어 전치사의 다양한 쓰임새를 만나보겠습니다.

It's a perfect book
for self-learner   Spanish

 # 13-1. 스페인 사람은 어떤가요?

서유럽을 대표하는 '다혈질 양대 산맥'은 스페인과 이탈리아입니다.
둘 중에서도 '열정과 정열, 콧대와 자존심'에서 우세를 보이는 것은 단연 스페인 사람들이고요.
스페인 국기의 노란색이 영토를 의미하고, 위아래의 붉은색이 그 영토를 지키기 위해 흘린
선열의 피를 의미하는 것만 보아도 일단은 스페인의 판정승으로 보입니다.
가끔은 '욱하는 성격'으로 스페인 사람들이 묘사되기도 합니다만, 실제로 스페인 사람들은
자신의 명예가 상처받았기 때문에 나온 정당한 리액션이라고 주장합니다. 상대방이 존중과
예절을 무시하는 순간, 스페인 사람들의 피는 가열되기 시작한다고 보시면 됩니다.

 # 13-2. 스페인어의 전치사!

전치사는 비교적 짧은 음절로 이루어져 있으면서 중요한 정보를 가진 품사입니다.
전치사를 많이 안다는 것, 그만큼 다양하게 정확하게 말할 수 있다는 뜻도 됩니다.
대표적인 스페인어 전치사 10가지를 모아 정리했습니다.
전치사와 함께 보다 정확한 스페인어를 말할 수 있으실 것입니다.

(**ir** 가다, **piscina {f}** 수영장, **pasear** 산책하다, **venir** 오다, **trabajar** 일하다, **dormir** 자다, **clase {f}** 교실, 수업, **cafetería {f}** 커피숍, **almacén {m}** 백화점, **parque {m}** 공원, **escuela {f}** 학교, **hacer** 하다, **ejercicio {m}** 운동, **salud {f}** 건강, **tren {m}** 기차, **pasar** 통과하다/지나가다, **túnel {m}** 터널, **pronóstico {m}** 일기예보, **calor {m}** 열기/온도, **mañana {f}** 내일)

❶   **a** (~으로/~에게)

Voy a la piscina.
(나는) 수영장에 갑니다.

❷ con (~와 함께)

Él pasea con ella.

그는 그녀와 산책합니다.

❸ de (~로부터/명사와 명사를 연결할 때)

Ella viene de Sevilla.

그녀는 세비야 출신입니다.

❹ desde ~ hasta ~ (~로부터 ~까지)

Ella trabaja desde las 2 hasta las 8.

그녀는 2시부터 8시까지 일합니다.

❺ durante (~ 동안)

Él no duerme durante la clase.

그는 수업시간 동안 졸지 않습니다.

❻ en (~장소에 / ~을 타고)

La cafetería está en el almacén.

카페는 백화점 안에 있습니다.

❼ entre (~ 사이에)

El parque está entre las escuelas.

학교들 사이에 공원이 있습니다.

Practical, **Useful** and **Easy-To-Understand** Lessons!

From **basic greetings** and **expressions** to **grammar** and **conversations**!

⑧　**para** (~을 향해 / ~를 위해)

Hago ejercicio para la salud.
(나는) 건강을 위해 운동합니다.

⑨　**por** (~를 통하여 / ~ 이유로)

El tren pasa por el túnel.
기차가 터널을 통하여 갑니다.

⑩　**según** (~을 따라서)

Según el pronóstico, hace mucho calor mañana.
일기예보에 따르면 내일은 매우 덥습니다.

 # 13-3. 스페인어의 전치사 숙어!

전치사와 함께 두세 단어로 이루어진 전치사 숙어를 소개합니다.
일상회화에서 활용도 높은 표현들입니다.

(**tormenta {f}** 폭풍우, **escuela {f}** 학교, **pensar** 생각하다, **escribir** 쓰다, **tomar** 먹다, **medici-nas {f}** 약, **comer** 식사하다/먹다, **hablar** 말하다, **aire-acondicionado {m}** 에어컨, **tener** 가지고 있다, **calor {m}** 열기/온도)

❶　**a pesar de** (~에도 불구하고)

A pesar de la tormenta, vamos a la escuela.
폭풍우에도 불구하고, (우리들은) 학교에 갑니다.

❷ **antes de** (시간상 : ~의 앞에)

Pienso antes de escribir.
쓰기 전에 생각합니다.

❸ **después de** (시간상 : ~의 뒤에)

Tomo medicinas después de comer.
식사 후에 약을 먹습니다.

❹ **sobre todo** (특히 / 무엇보다)

Sobre todo, ella habla bien español.
특히 그녀는 스페인어를 아주 잘합니다.

❺ **gracias a** (~ 덕분에)

Gracias al aire-acondicionado, no tengo calor.
(나는) 에어컨 덕분에 덥지 않습니다.

 # 13-4. 스페인어의 전치격인칭대명사!

전치격 인칭대명사는 전치사와 함께 사용하는 인칭대명사를 말합니다.
우리가 앞서 배웠던 인칭대명사가 전치사와 만나 쓰일 때 형태가 변화하는데요,
이렇게 변화한 형태를 '전치격인칭대명사'라고 합니다.
다행스럽게도 전치격인칭대명사는 1인칭 단수(**yo**), 2인칭 단수(**tú**)에서만 존재하고
나머지 인칭은 전치사를 만나도 원래 형태 그대로 써주면 됩니다.

전치사 + yo ➜ mí
　　　　　 tú ➜ ti

1인칭단수와 2인칭단수에 해당하는 **mí**, **ti** 를 제외하고는 모두 주격인칭대명사와 똑같습니다.

❶ 대표적인 전치사들 **a** (~를/에게), **de** (~의), **en** (~속에), **por** (~때문에),
para (~을 위하여)와 함께 예문을 살펴 보겠습니다.

(**coche {m}** 자동차, **profesor {m,f}** 교수, **hombre {m}** 남자, **pensar** 생각하다, **llorar** 울다,
carta {f} 편지)

a (~를/에게)

Muchas gracias a ti.
(나는) 너에게 매우 고맙다.

de (~의)

Este coche es de mi profesor.
이 차는 나의 선생님의 것입니다.

en (~ 속에)

El hombre piensa en ella.
그 남자는 그녀를 생각합니다.

por (~ 때문에)

Ella llora por él.
그녀가 그 때문에 웁니다.

para (~을 위하여)

Esta carta es para mí.

이 편지는 나에게 온 것입니다.

❷ 전치사 **con** 은 **mí**, **ti** 와 더불어 불규칙한 형태로 변화하기 때문에 주의가 필요합니다.

con + mí = conmigo (나와 함께)
con + ti = contigo (너와 함께)

(**perro {m}** 강아지, **gato {m}** 고양이)

El perro está conmigo.

강아지는 나와 함께 있습니다.

El gato está contigo.

고양이는 너와 함께 있다.

Multi Plus

13+.
Capítulo 13+ Multi Plus
스페인어가 든든해지는 멀티플러스!

전치사는 짧지만 의사소통에 있어 매우 중요한 도우미입니다.
전치사를 활용한 숙소와 길찾기 관련 표현들을 공부해보도록 하겠습니다.

13-1+. 전치사로 해결하는 '호텔용 스페인어 회화'

스페인어 여행회화가 레알 강력해지는 코너!
이번에는 전치사를 알면 해결되는 여행회화, '호텔편'을 준비했습니다.

(**tener** 가지다, **para** ~을 위해/~으로, **querer** 원하다/좋아하다, **habitación** {f} 방, **persona** {f} 사람, **vista** {f} 전망, **a qué hora** 몇 시에, **desayuno** {m} 아침식사, **poder** 할 수 있다, **usar** 사용하다, **piscina** {f} 수영장, **costar** 비용이 들다, **por** ~을 위해/~으로, **noche** {f} 밤)

¿Tiene una habitación para dos personas?
두 사람을 위한 방이 있습니까?

Quiero una habitación con vistas.
전망있는 방을 원합니다.

¿A qué hora es el desayuno?
조식은 몇 시입니까?

¿Puedo usar la piscina?
수영장을 사용할 수 있습니까?

¿Cuánto cuesta por noche?
1박에 얼마입니까?

175 Practical, Useful and Easy-To-Understand Lessons!

13-2+. 전치사로 해결하는 '관광용 스페인어 회화'

전치사를 알면 관광도 한방에 해결됩니다.
길을 묻거나 길에서 말을 걸 때는 먼저 인사로 시작합니다.

(**perdón {m}** 용서, **permiso {m}** 허락/허가, **dónde** 어디에, **cine {m}** 영화관, **centro {m}** 중심/
도심, **cómo** 어떻게, **poder** 할 수 있다, **allí** 거기/그곳에)

Perdón. / Con permiso.
실례합니다.

¿Dónde está el cine?
극장이 어디에 있습니까?

Está en el centro.
시내에 있습니다.

¿Cómo puedo ir allí?
그곳에 어떻게 갑니까?

어떻게 가는지 알려주기 위해 교통수단을 말할 때 스페인에서는 '타다/잡다'의 의미로
coger 동사를 사용합니다. 반면 스페인을 제외한 나머지 스페인어권 국가에서는 **tomar** 동사를
사용합니다.

(**llegar** 도착하다, **a pie** 걸어서, **coger** 잡다/타다, **se tarda** (시간이) 걸리다, **media hora** 30분)

Puede llegar allí a pie.
걸어서 그곳에 갈 수 있습니다.

Tiene que coger un taxi / el autobús / el metro.
택시/버스/전철을 타야합니다.

Se tarda media hora.
30분 걸립니다.

교통수단이 아닌 도보로 갈 경우 더욱 상세한 안내가 필요합니다.
보다 정확한 장소 안내는 전치사구로 해결됩니다.

(**enfrente** 맞은편에, **congreso {m}** 국회의사당, **lejos** 멀리, **cerca** 가까이, **aquí** 여기, **detrás** 뒤에, **edificio {m}** 건물, **doblar** 접다/구부리다, **a la derecha** 오른쪽으로, **a la izquierda** 왼쪽으로, **seguir** 따르다, **todo** 모든, **recto {m}** 직선)

Está enfrente del congreso.
국회의사당 맞은 편에 있습니다.

Está lejos / cerca de aquí.
여기서 멀리 / 가까이 있습니다.

Está detrás de este edificio.
이 건물 뒤에 있습니다.

Doble a la derecha / a la izquierda.
오른쪽으로 / 왼쪽으로 꺾으세요.

Siga todo recto.
곧장 가세요.

친절하게 길을 안내해준 스페인 사람에게는 반드시 감사표현을 전하세요.
훈훈한 미소와 함께 하면 더욱 좋습니다.

(**¡qué + 형용사!** (감탄문) 매우~ 한, **simpático/-a** 친절한, **muchas** 매우, **gracias** 감사합니다, **buen** 좋은, **viaje {m}** 여행)

¡Qué simpático/-a!
매우 친절하세요!

Muchas gracias.
대단히 감사합니다.

De nada. ¡Buen viaje!
별 말씀을요. 좋은 여행 되세요.

Practical, **Useful** and
Easy-To-Understand Lessons!

¿Cuándo empieza la clase?

It's the perfect book for any self-learner.

14.
Capítulo 14
스페인어의 의문사와 접속사 (1)
¿Cuándo empieza la clase?
수업은 언제 시작합니까?

일상의 대화, 절반은 의문문입니다. 이번 과에서는 스페인어의 다양한 의문사들을 만나보고, 의문사가 있는 의문문을 활용해보도록 하겠습니다. 그리고 문장이 길어지는 비결, 접속사에 대해서도 알아보겠습니다. 여러분의 스페인어가 접속사와 함께 더 길어지고 더욱더 논리적인 모습으로 변신하게 됩니다.

179
Practical, Useful and
Easy-To-Understand Lessons!
From basic greetings and expressions to grammar and conversations!

14-1. 스페인 사람의 제스처, 몸짓언어!

스페인, 프랑스, 이탈리아 사람 3사람만 모으면 '몸짓언어의 오케스트라'를 볼 수 있습니다.
워낙에 진지하게 몸짓을 하는지라 특수부대원이나 야구 감독의 사인만큼 재미있고 요란합니다.
가디언 (**guardian**) 지의 홈페이지에는 스페인 사람들의 제스처를 그림과 함께 설명하는
코너가 있을 정도입니다. (**http://www.guardian.co.uk/travel/series/learn-spanish+content/gallery**) 예를 들면 '손가락으로 가위질하는 제스처'는 '잡담 그만해라!'이거나 '전화 끊어라!'
라는 뜻입니다. 대화 중에 보여주는 스페인 사람들의 제스처는 친절과 우호적인 느낌을
담고 있습니다.
반대로 언쟁 중에는 과장된 몸짓이 상대를 더욱 자극할 수 있으니 자제하는 것이 좋겠지요.

14-2. 스페인어의 다양한 의문사들!

스페인어의 의문사는 의문대명사, 의문형용사, 의문부사 등의 품사로 나뉩니다.
물론 이름 그대로, 본래 품사가 가지는 성질 그대로 '의문대명사'는 명사처럼 사용될 수 있고,
'의문형용사'는 명사를 수식하며, '의문부사'는 동사를 수식합니다. 중요한 점은 의문부사는
성수에 따른 변화를 하지 않지만, 의문대명사와 의문형용사는 성수에 따른 변화를 하기도
하지 않기도 한다는 것입니다.

❶ 의문사 **cuándo** (언제) : 의문부사 / 성변화 X / 수변화 X

(**empezar** 시작하다, **clase** {f} 수업/교실)

¿Cuándo empieza la clase?
수업은 언제 시작합니까?

Empieza a las 3.
3시에 시작합니다.

❷　의문사 **dónde** (어디에) : 의문부사 / 성변화 X / 수변화 X

(**de dónde** 어디로부터, **ser de** ~출신이다, **a** ~로 (전치사), **adónde** 어디로? (의문사), **estación** {f} 역, **tren** {m} 기차)

¿De dónde es usted?
당신은 어디 출신이십니까?

Soy de Corea.
(나는) 한국 출신입니다.

의문사는 위의 예문 속 **de dónde** 처럼 의미에 따라 전치사 **de** (~로 부터)와 결합해서도 쓸 수 있는데, 이때 전치사는 의문사의 앞에 위치합니다. 특히 전치사 **a** (~로)와 결합하는 경우 **Adónde** (A + dónde : 어디로?)처럼 바로 붙여 쓰는 경우가 많습니다. 'adónde 의문문'에 대한 답은 'a + 장소'로 대답하면 됩니다.

¿Adónde vais?
(너희들은) 어디 가니?

Vamos a la estación de tren.
(우리는) 기차역에 가.

❸　의문사 **quién** / **quiénes** (누구) : 의문대명사 / 성변화 X / 수변화 O

'누구'는 '의문대명사'입니다. 대명사가 단수/복수 형태가 있는 것처럼, 의문대명사도 단수/복수가 있어서 단수형(**quién**)과 복수형(**quiénes**)을 구분해서 사용해야 합니다.

(**con** ~와 함께 (전치사), **comer** 점심을 먹다, **novio** {m} 남자친구)

¿Con quién vas a comer?
누구와 함께 점심 먹으려고 하니?

From basic **greetings** and **expressions** to grammar and **conversations**!

Voy a comer con mi novio.
내 남자친구와 함께 점심을 먹으려고 합니다.

❹ 의문사 **qué** (무엇/무슨) : 의문대명사 · 의문형용사 / 성변화 X / 수변화 X

의문사 **qué** 는 의문대명사로 쓰일 때는 '무엇'이란 뜻이고,
의문형용사로 쓰일 때는 '어떤/무슨'의 의미이며,
두 경우 모두 성수 변화 없이 쓰입니다.

(**esto** 이것 (중성지시대명사), **eso** 그것 (중성지시대명사), **aquello** 저것 (중성지시대명사),
juguete {m} 장난감)

¿Qué es esto / eso / aquello?
이것/그것/저것은 무엇입니까?

Es un juguete.
장난감입니다.

❺ 의문사 **cuál / cuáles** (어떤 것/어느) : 의문대명사 · 의문형용사 /
성변화 X / 수변화 O

cuál / cuáles 는 의문대명사일 때는 '어떤 것'이지만, 의문형용사일 때는 '어느'라는 뜻입니다.
이들은 성 변화는 하지 않고, 단수형(**cuál**)과 복수형(**cuáles**)으로, 수 변화만 합니다.

(**nombre {m}** 이름)

¿Cuál es tu nombre?
너의 이름은 무엇이니?

Mi nombre es Clara.
내 이름은 끌라라야.

Practical, Useful and Easy-To-Understand Lessons! 182

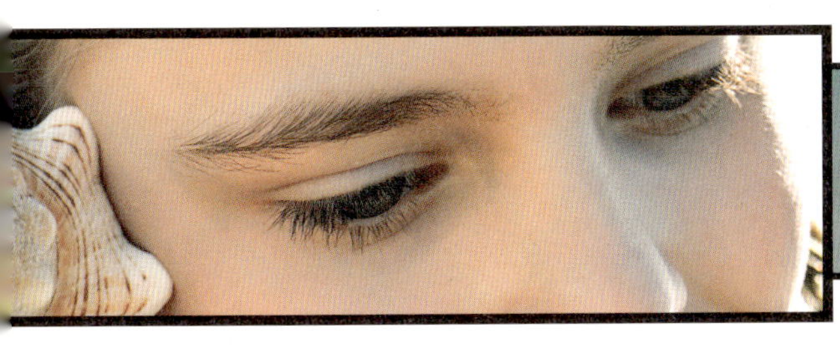

스페인어에서는 이름을 물을 때 무엇 (**qué**)이 아닌 어떤 것 (**cuál**)을 사용합니다.
우리들이 보통 사용하는 한자 이름들처럼 의미를 조합해 이름을 만드는 것이 아닌
이미 정해진 단어들 사이에서 맘에 드는 뜻을 가진 단어를 고르는 개념이므로,
'너의 이름이 어떤 것이니?'라고 묻게 되는 것이지요.

❻ 의문사 **cómo** (어떻게) : 의문부사 / 성변화 X / 수변화 X

¿Cómo estás?
어떻게 지내니?

Muy bien.
아주 잘 지내.

❼ 의문사 **por qué** (왜) : 의문부사 / 성변화 X / 수변화 X

(**venir** 오다, **autobús {m}** 버스, **estropeado** 고장난)

¿Por qué no viene el autobús?
버스가 왜 안 옵니까?

Está estropeado.
고장이 났습니다.

❽ 의문사 **cuánto/-a/-os/-as** (얼마나, 몇 개) :
의문대명사 · 의문형용사 · 의문부사 / 성변화 O / 수변화 O

뒤에 오는 명사에 따라 남성단수형(**cuánto**)과 여성단수형(**cuánta**) 그리고
남성복수형(**cuántos**)과 여성복수형(**cuántas**)으로 각각 구분하여 사용합니다.

(**alumno {m}** 학생, **en** ~에 (전치사), **campo {m}** 운동장)

Practical, **Useful** and
Easy-To-Understand Lessons!

From **basic greetings** and **expressions** to **grammar** and **conversations**!

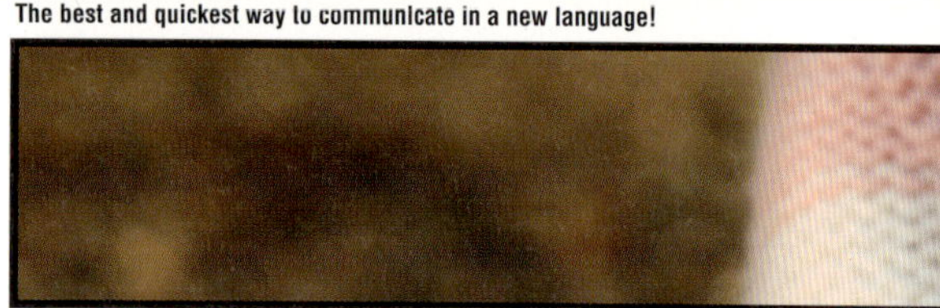

¿Cuántos alumnos hay en el campo?

운동장에 학생이 몇 명 있습니까?

Hay 3 alumnos.

학생 3명이 있습니다.

 ## 14-3. 스페인어의 등위접속사!

문장의 개별 요소나 문장 대 문장을 연결해 주는 것이 접속사입니다.
일종의 '연결고리'인 셈이죠. 스페인어의 접속사는 '등위접속사'와 '종속접속사'로 나뉘며,
등위접속사는 동등한 위상을 가진 단어와 단어, 구와 구, 절과 절을 연결할 수 있고,
종속접속사는 절과 절만을 연결합니다.
자! 그러면 스페인어 등위접속사 베스트 5를 소개하겠습니다.

 **❶ y** (그리고)

(**libro {m}** 책, **cuaderno {m}** 공책)

el español y el francés

스페인어와 프랑스어

Tengo dos libros y un cuaderno.

(나는) 책 두 권과 공책 한 권을 가지고 있습니다.

❷ pero (그러나)

(**difícil** 어려운, **interesante** 흥미로운, **autor/-a {m,f}** 작가, **ahora** 지금, **escribir** 쓰다)

El español es difícil pero es muy interesante.

스페인어는 어렵지만 아주 재미있습니다.

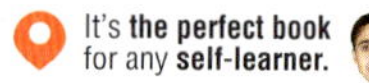 

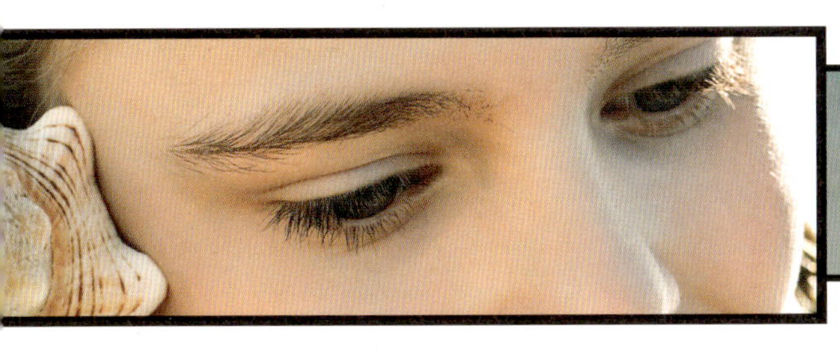

Él es autor, pero ahora no escribe.
그는 작가이나, 지금은 글을 쓰지 않습니다.

❸ **o** (또는 / 그렇지 않으면)

(**tener** 가지다, **año** {m} 년/해, **cartera** {f} 지갑, **rojo/-a** 붉은, **negro/-a** 검은)

Diego tiene 8 o 9 años.
디에고는 여덟 아니면 아홉 살입니다.

¿Cuál es tu cartera? ¿La roja o la negra?
어떤 게 네 지갑이니? 빨간색 아니면 검정색?

❹ **no ~ ni …** (~도 아니고 …도 역시 아니다)

(**comer** 먹다, **dormir** 자다, **beber** (술을) 마시다, **fumar** (담배) 피우다)

No come ni duerme.
(그는) 먹지도 않고 자지도 않습니다.

No bebo ni fumo.
(나는) 술도 마시지 않고 담배도 피우지 않습니다.

❺ **no ~ sino …** (~가 아니고 …이다)

(**abogado** {m} 변호사, **médico** {m} 의사, **allí** 저기, **aquí** 여기)

Él no es abogado sino médico.
그는 변호사가 아니라 의사입니다.

No es allí, sino aquí.
저기가 아니고 여기입니다.

From **basic greetings** and **expressions** to **grammar** and **conversations**!

Multi Plus

Learn to understand and speak Languages quickly and easily!

186

14+.
Capítulo 14+ Multi Plus
스페인어가 든든해지는 멀티플러스!

해외여행은 질문하는 만큼 풍성해집니다.
여러분의 풍성한 스페인 여행을 책임져줄 의문사 표현을 모두 정리했습니다.
의문사 5개면 완성됩니다.

It's the perfect book for any **self-learner**. *spanish*

14-1+. 스페인어 의문사, **Cómo** (어떻게)

(**decir** 말하다, **éste** 이것, **poder** ~할 수 있다, **en español** 스페인어로, **allí** 그곳/거기, **ir** 가다, **comida {f}** 요리)

¿Cómo?
뭐라구요? (상대방 말을 못 들었을 때)

¿Cómo se dice esto en español?
이것을 스페인어로 어떻게 말합니까?

¿Cómo puedo ir allí?
그곳에 어떻게 갑니까?

¿Cómo está la comida?
요리가 (맛이) 어떻습니까?

14-2+. 스페인어 의문사, **Cuánto** (얼마나)

(**tiempo {m}** 시간, **tardar** (시간이) 걸리다, **costar** 비용이 들다, **tren {m}** 기차, **ostar** 비용이 들다, **día {m}** 날/하루)

¿Cuántos son (Uds.)?
(당신들은) 몇 분이십니까?

¿Cuánto tiempo se tarda?
시간이 얼마나 걸립니까?

¿Cuánto cuesta?

얼마입니까?

¿Cuántos trenes hay al día?

하루에 기차가 몇 대 있습니까?

143+. 스페인어 의문사, **Cuándo** (언제)

(**llegar** 도착하다, **avión {m}** 비행기, **abrir** 열다, **museo {m}** 박물관, **hacer** 하다, **chek-in** 체크 인, **empezar** 시작하다, **concierto {m}** 콘서트)

¿Cuándo llega el avión?

비행기가 언제 도착합니까?

¿Cuándo abre el museo?

박물관이 언제 엽니까?

¿Cuándo puedo hacer check-in?

언제 체크인할 수 있습니까?

¿Cuándo empieza el concierto?

콘서트가 언제 시작합니까?

144+. 스페인어 의문사, **Qué** (무엇/어떤)

(**ir** 가다, **autobús {m}** 버스, **plaza {f}** 광장, **tipo {m}** 타입, **habitación {f}** 방, **querer** 원하다/좋아하다, **tener que inf.** ~을 해야한다, **estación {f}** 역, **bajar** 내리다, **estar** 있다, **planta {f}** 층)

¿Qué autobús va a la plaza?
어떤 버스가 광장으로 갑니까?

¿Qué tipo de habitación quiere?
어떤 방 타입을 원하십니까?

¿En qué estación tengo que bajarme?
무슨 역에서 내려야 합니까?

¿En qué planta está mi habitación?
제 방이 몇 층에 있죠?

145+. 스페인어 의문사, **Dónde** (어디)

(**comprar** 사다, **entrada {f}** 입장권, **tren {m}** 기차, **venir** 오다, **estar** 있다)

¿Dónde puedo comprar la entrada?
입장권을 어디서 살 수 있습니까?

¿Adónde va este tren?
이 기차가 어디로 갑니까?

¿De dónde vienen Uds.?
당신들은 어디서 왔습니까?

¿Dónde estamos?
여기가 어디죠? (우리가 어디에 있습니까?)

La chica que está allí es mi hermana.

15.
Capítulo 15
스페인어의 접속사(2)와 관계사
La chica que está allí es mi hermana.
저기 있는 소녀는 나의 누나입니다.

앞 과에 이어서 접속사 두 번째 시간으로 스페인어 종속접속사를 소개합니다.
그리고 스페인어 문장이 유창해지고 매끄러워지는 테크닉, '관계문'을 소개합니다.
관계문을 알면 여러분의 스페인어가 훨씬 유창해집니다. 관계문에서 문장과 문장을 연결하기
위해 '관계사'가 필요합니다. 스페인어 관계문을 만드는 간단한 방법들, 바로 시작하겠습니다.

Practical, **Useful** and
Easy-To-Understand Lessons!

 ## 15-1. 스페인어와 중남미 스페인어의 차이점!

스페인 사람들의 스페인어와 중남미 사람들의 스페인어의 차이점은 '빠르기와 발음'입니다.
스페인 사람들이 좀 더 빠르게 말하고, 중남미 사람들이 좀 더 발음하기 쉽게 말합니다.
중남미 발음이 깔끔해서 우리가 따라 하기 좋죠. 예를 들어 ll 의 발음을 스페인에서는
[ㄹ] 소리가 묻어나게 하는가 하면, 중남미에서는 지역에 따라 [o], 심지어 [ㅈ]로 발음합니다.
문법적으로는 남미 스페인어가 시제 등의 사용에 있어서 비교적 단순화된 부분이 있습니다.
그러나 전체적으로 볼 때에는 지역 방언 수준의 가벼운 차이가 느껴질 뿐,
소통에는 아무 문제가 없죠. 몇 번 듣다 보면 자연스럽게 적응할 수 있는 수준의 차이입니다.

 ## 15-2. 스페인어의 종속 접속사!

'종속접속사'는 주절에 속하는 하위의 절을 연결하는 접속사입니다.
종속절은 주절을 위해 존재하는 것입니다. 앞서 만난 '등위접속사'가 동등한 관계를 연결하는
다리였다면, '종속접속사'는 양쪽 간의 종속관계를 유지하고 연결하는 역할입니다.

❶ que (~하는 것은)

(**pensar** 생각하다, **inteligente** 똑똑한, **saber** 알다, **cantante** {m,f} 가수, **famoso/-a** 유명한)

Pienso que eres inteligente.
(나는) 네가 똑똑하다고 생각한다.

Sabemos que él es un cantante muy famoso.
(우리는) 그가 아주 유명한 가수라는 것을 압니다.

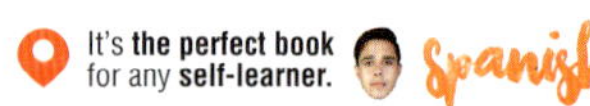

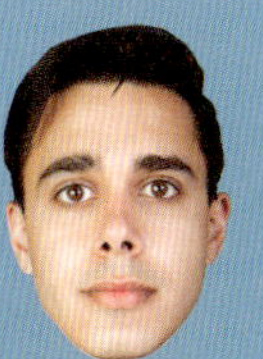

❷ si (만일 ~한다면 / 혹시 ~인지)

(**Argentina** 아르헨티나, **preguntar** 묻다, **venir** 오다, **reunión** 모임/회의)

No sé si ellos son de Argentina.
그들이 아르헨티나 사람인지는 잘 모르겠습니다.

Te pregunto si vienes a la reunión o no.
너에게 모임에 오는지 마는지를 묻는 거야.

❸ aunque (비록 ~ 하더라도)

(**tiempo {m}** 시간, **concierto {m}** 콘서트, **muchacha {f}** 소녀, **cocinar** 요리하다)

Aunque no tengo mucho tiempo, voy al concierto.
비록 시간이 많지는 않지만, 그래도 (나는) 콘서트에 갑니다.

Aunque es una muchacha, cocina muy bien.
(그녀는) 비록 소녀이지만 요리를 매우 잘합니다.

❹ porque (왜냐하면 / 때문에)

(**autobús {m}** 버스, **venir** 오다, **tráfico {m}** 교통/교통체증, **estudiar** 공부하다, **casa {f}** 집, **examen {m}** 시험)

El autobús no viene porque hay mucho tráfico.
교통체증이 심해서 버스가 오지 않습니다.

Estudio en casa porque tengo examen.
시험이 있어서 집에서 공부합니다.

❺　　**por eso, por lo tanto, por consiguiente** (따라서 / 그래서)

(**nevar** 눈이 오다, **conducir** 운전하다, **malgastar** 낭비하다, **dinero** {m} 돈, **siempre** 언제나,
pobre 가난한/가여운)

Nieva mucho. Por eso no puedo conducir.
눈이 많이 옵니다. 그래서 (나는) 운전을 할 수 없습니다.

Ella malgasta el dinero, por lo tanto siempre es pobre.
그녀는 돈을 낭비합니다. 그래서 언제나 가난합니다.

❻　　**como** (때문에)

(**tener** 가지고 있다, **hambre** {f} 배고픔, **nada** 아무것도, **quiero** 원하다, **lo** 그것을 (대명사),
hacer 하다)

Como no tengo hambre, no como nada.
(나는) 배가 고프지 않기 때문에 아무것도 먹지 않습니다.

Como no quiero, no lo hago.
(나는) 원치 않으므로 그것을 하지 않는다.

15-3. 스페인어 관계대명사!

두 문장에서 공통되는 요소를 연결해 하나의 문장으로 만드는 것을 '관계문'이라 하고,
이때 필요한 접속사가 '관계사'입니다. 스페인어의 관계문은 관계대명사 또는 관계부사로
만들 수 있으며, 만드는 방법은 매우 간단합니다. 즉, 공통되는 요소(선행사) 다음에
관계대명사를 넣고 문장을 그대로 이어주면 됩니다.

La chica que está allí es mi hermana.

해석은 뒤의 문장부터 거슬러 올라오면서 하는 게 정석입니다.
자! 그러면 본격적으로 스페인어 관계대명사의 면면을 살펴보도록 하겠습니다.

❶ 관계대명사 **que** : 사람/사물 모두에 사용, 성수변화 X

관계대명사 **que** 는 보편적으로 가장 많이 사용하는 관계대명사로, 선행사가 사람/동물/사물에
관계없이 모두에 사용하는 전천후 관계대명사입니다. 성수에 따른 변화도 없습니다.

(**chica {f}** 소녀, **hermana mayor {f}** 누나/언니, **allí** 저기, **aprender** 배우다, **universidad {f}** 대
학교)

La chica es mi hermana mayor.
그 소녀는 나의 누나입니다.

La chica está allí.
그 소녀가 저기 있습니다.

➡ **La chica que está allí es mi hermana mayor.**
저기 있는 그 소녀는 나의 누나입니다.

위 문장에서 공통된 단어, 즉 선행사는 **chica** (소녀)입니다. 두 번 반복하여 쓰지 않기 위해
관계사 **que** 를 사용하여 '저기 있는 소녀가 나의 누나입니다.'로 관계문을 만들었습니다.

때때로 전치사가 동반되기도 합니다. 단, 전치사가 올 때에는 전치사와 명사 사이에 관사가
삽입 됩니다. 이때 관사는 뒤에 오는 명사에 따라 성수 일치해야 합니다.

Aprendo español en una universidad.
(나는) 대학교에서 스페인어를 배웁니다.

Esa universidad está en Seúl.
그 대학교는 서울에 있습니다.

➡ **La universidad en la que aprendo español está en Seúl.**
(내가) 스페인어를 배우는 그 대학교는 서울에 있습니다.

❷ 관계대명사 **quien** : 사람에 사용, 성수변화 O

관계대명사 **quien** 은 오로지 '인간'만 상대합니다!
선행사가 사람일 때만 쓸 수 있는 것이죠. 단수형은 **quien**, 복수형은 **quienes** 입니다.

(**visitar** 방문하다, **enfermo** 아픈, **alumno/-a {m,f}** 학생 **argentino/-a {m,f}** 아르헨티나인,
estudio {m} 공부/학습)

Yo visito a mi amiga.

나는 내 친구를 방문합니다.

Mi amiga está enferma.

내 친구는 아픕니다.

➡ ## Visito a mi amiga, quien está enferma.

(내가) 방문하는 내 친구는 아픕니다.

que 와 마찬가지로 선행사가 전치사를 동반할 경우 '전치사 + **quien**'으로 연결합니다.
그러나 **que** 의 경우와 달리 정관사가 삽입되지 않습니다.

Esa alumna es argentina.

그 학생은 아르헨티나 사람입니다.

Estudio español con ella.

(나는) 그녀와 함께 스페인어를 공부합니다.

➡ ## Esa alumna con quien estudio español es argentina.

(내가) 함께 스페인어를 공부하는 그 학생은 아르헨티나 사람입니다.

15-4. 스페인어 관계부사!

선행사가 시간 혹은 장소를 나타낼 경우에는 관계부사를 사용합니다.

❶ 관계부사 **cuando** : 시간

(**hora {f}** 시간, **tener que inf.** ~을 해야한다, **terminar** 끝나다, **clase {f}** 수업)

Es la hora.

시간이 되었습니다.

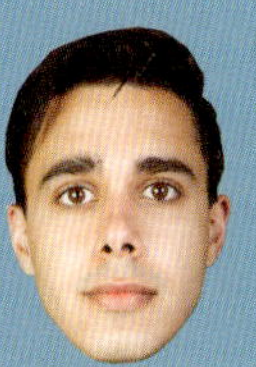

Tenemos que terminar la clase en esta hora.
(우리는) 이 시간에 수업을 끝내야 합니다.

➡ **Es la hora cuando tenemos que terminar la clase.**
(우리가) 수업을 끝내야 할 시간입니다.

처음 두 문장간의 선행사는 **la hora** (시간)입니다. 이와 같이 선행사가 시간 혹은 장소를 나타낼 때는 **cuando** 를 사용하여 문장을 연결할 수 있습니다.

❷ 관계부사 **donde** : 장소

(**museo {m}** 박물관, **ahora** 지금, **famoso/-a** 유명한, **estudiar** 공부하다, **moderno/-a** 현대적인)

Estamos en el museo ahora.
(우리들은) 지금 박물관에 있습니다.

Este museo es muy famoso.
이 박물관은 매우 유명합니다.

➡ **El museo donde estamos ahora es muy famoso.**
(우리가) 지금 있는 이 박물관은 매우 유명합니다.

장소를 나타내는 선행사가 전치사를 동반할 경우, 그대로 '전치사 + 관계부사' 형태로 연결합니다. 그러나 많은 경우 전치사는 생략하고 씁니다.

Estudio en la universidad.
(나는) 대학교에서 공부합니다.

Esa universidad es muy moderna.
그 대학은 매우 현대적입니다.

➡ **La universidad (en) donde estudio es muy moderna.**
(내가) 공부하는 대학교는 매우 현대적입니다.

From basic greetings and expressions to grammar and conversations!
Multi Plus
Learn to understand and speak Languages
198
15+.
Capítulo 15+ Multi Plus
스페인어가 든든해지는 멀티플러스!
이번 시간은 여러분의 여행을 더욱 든든하게 해줄
스페인어 여행회화 대중교통편입니다.
Expo - Atocha 2011
WINE Plus
Spanish

15-1+. 스페인 시내 관광을 위한 교통편 회화!

❶   스페인 지하철 이용하기!

스페인은 세계적 수준의 지하철 시스템을 갖추고 있습니다. 마드리드의 경우 총 12개의 일반 노선과 2개의 원거리 노선을 가지고 있는데, 서울의 반 정도의 인구를 고려할 때 정말 촘촘하게 연결되어 있다고 할 수 있습니다. 주요 관광지들도 지하철로 모두 쉽게 찾아갈 수 있습니다.

추천단어 : **el billete** 승차권, **la taquilla** 승차권 판매소, **la entrada** 입구, **la salida** 출구, **la línea** 라인/노선, **subir** 승차하다, **bajar** 하차하다, **cambiar** 환승하다, **viaje** 여행/여정 (**estación de metro {f}** 지하철역, **más** 더, **cercano/-a** 가까운, **tomar** 잡다, **para** ~ 위하여, **viaje {m}** 여행)

¿Dónde está la estación de metro más cercana?
가장 가까운 지하철 역이 어디입니까?

¿Qué línea tengo que tomar para ir a la plaza de Cibeles?
시벨레스 광장으로 가려면 몇 호선을 타야 합니까?

¿Tengo que cambiar la línea?
환승해야 합니까?

El billete de 10 viajes, por favor.
10회 승차권 주세요.

스페인에는 다양한 종류의 지하철 티켓이 있습니다.
1회권을 구매할 수도 있고 5, 10회권을 한 번에 구매할 수도 있습니다.
물론 1개월, 1년 단위로 끊는 정기권(**abono**)도 있습니다.

Practical, Useful and Easy-To-Understand Lessons!

❷ 스페인 기차 이용하기!

스페인의 기차 노선은 동서남북으로 연결되어 있고, 마드리드의 아토차(atocha)역이
중앙역의 기능을 하며 모든 방향의 노선으로 뻗어나갑니다.
낭만적인 스페인 기차여행을 강력 추천합니다!

(**horario {m}** 시간표, **conseguir** 얻다/획득하다, **para** ~를 향해, **al día** 하루에, **información {f}**
안내소, **ida y vuelta** 왕복)

¿Dónde puedo conseguir el horario del tren?
기차시간표를 어디서 얻을 수 있습니까?

¿Cuántos trenes hay para Toledo al día?
똘레도로 가는 기차는 하루에 몇 대가 있습니까?

¿Dónde está la información?
안내소는 어디에 있습니까?

¿Este tren va para Madrid?
이 열차가 마드리드로 갑니까?

Ida y vuelta, por favor.
왕복티켓으로 부탁합니다.

❸   스페인 택시 이용하기!

스페인의 택시요금은 우리나라보다 조금 더 비싼 편입니다.
기본요금은 2.55 **Euro** (2015년 8월 기준)입니다. 택시 이용 시 트렁크에 짐을 실을 경우
약간의 추가 요금을 지불해야 합니다.

(**libre** 한가한/비어있는, **llevar** 데리고 가다, **plaza {f}** 광장, **parar** 서다, **aquí** 여기, **guardar** 저
장하다/가지다, **cambio {m}** 잔돈)

¿Está libre?
빈 차입니까?

Lléveme a la Plaza del Sol.
저를 솔 광장으로 데려다 주십시오.

Pare aquí, por favor.
여기 세워 주십시오.

Guarde el cambio.
잔돈은 가지세요.

201

16.
Capítulo 16
스페인어의 현재분사와 부사!
¿Qué estás haciendo?
(너는) 뭘 하고 있니?

이번 시간에는 '현재분사'의 이모저모를 살펴보도록 하겠습니다.
스페인어의 현재분사는 영어의 **-ing** 형태라고 보시면 됩니다.
스페인어도 동사의 어미를 변화시켜서 현재분사로 만듭니다.
현재분사를 알면 현재진행형, 동시동작, 때, 원인, 조건, 양보 등
다양한 의미를 표현할 수 있습니다. 또한 여러분의 스페인어가
아기자기해지는 '부사'에 대해 간단히 살펴 보겠습니다.

203
¿Qué estás haciendo?
It's the perfect book for any self-learner.
From basic greetings and expressions to grammar and conversations!

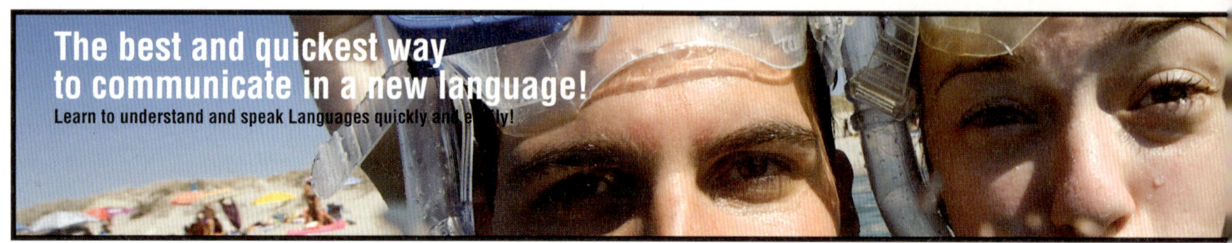

 ## 16-1. 스페인은 농수산초강국!

스페인은 프랑스와 함께 유럽 최고의 농수산물 생산국입니다.
드넓은 평야와 삼면의 바다는 그야말로 풍요로운 천혜의 식자재 창고인 셈이죠.
풍부한 식자재와 방금 건져 올리고 뽑아낸 신선한 재료들에 익숙해진 스페인 사람들의 미각은
특별히 더 민감합니다. 항상 최고로 신선한 재료를 즉석에서 직접 만들어 먹는 것이
일상화되었기 때문입니다. 자연히 인스턴트식품, 통조림, 패스트푸드는 환영받지 못합니다.
북유럽 국가들은 스페인으로부터 농산물을, 중부유럽은 해산물을 주로 공급받습니다.
평상시에 먹거리를 제공해 주는 고마운 나라, 휴가 때가 되면 한 번쯤 직접 찾아가고
싶어질 법 하겠죠? 스페인이 관광대국이 될 수밖에 없는 또 다른 이유입니다.

 ## 16-2. 스페인어의 현재분사!

분사란 동사가 어미의 형태를 살짝 바꾸고 형용사나 부사인 것처럼 사용하는 것을 말합니다.
스페인어에는 '현재분사와 과거분사', 2가지 분사가 있습니다.
그러면 먼저 영어의 **-ing** 형태에 해당하는 현재분사를 어떻게 만드는지 알아보겠습니다.
스페인어 동사의 형태가 규칙/불규칙으로 나뉘었듯이 동사의 형태를 변화시켜 만드는
현재분사 역시 규칙형과 불규칙형으로 존재합니다. 일반적으로 현재동사변화에서 규칙적으로
변하던 동사들은 분사에서도 규칙형태이고, 불규칙하게 변화했던 동사들은 분사에서도
불규칙한 편입니다.

❶ 규칙형 현재분사 :

규칙형 현재분사를 만드는 방법은 동사원형의 어미를 떼고 각각의 분사어미를 붙여주면
됩니다.

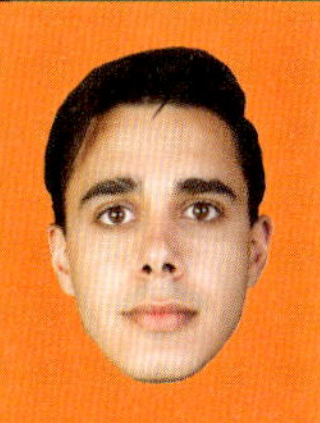

1변화동사(**-ar**)에는 **-ando** 를, 2변화동사(**-er**)에는 **-iendo** 를, 3변화동사(**-ir**)에는 **-iendo** 를 붙어주면 됩니다.

1변화동사 :	**-ar**	>	~ando	hablar > hablando
2변화동사 :	**-er**	>	~iendo	comer > comiendo
3변화동사 :	**-ir**	>	~iendo	vivir > viviendo

❷　　불규칙형 현재분사 :

불규칙형은 분사형을 따로 외울 수밖에 없습니다. 자주 사용하는 8가지를 준비했습니다.

ir (가다) 〉 **yendo**　　　　**venir** (오다) 〉 **viniendo**
ver (보다) 〉 **viendo**　　　　**leer** (읽다) 〉 **leyendo**
decir (말하다) 〉 **diciendo**　　**creer** (믿다) 〉 **creyendo**
dormir (자다) 〉 **durmiendo**　**morir** (죽다) 〉 **muriendo**

 ## 16-3. 스페인어 현재분사의 활용!

규칙형과 불규칙형까지 스페인어의 현재분사 만드는 방법을 알아봤습니다.
자! 그렇다면 이제 이 현재분사를 과연 어디다 써먹을 수 있을지 알아봐야겠죠.
현재분사는 상황을 조금 더 능동적이고 생생하게 전달할 수 있도록 도와줍니다.

❶　　동시동작 : 일반동사 + 현재분사 (~ 하면서 ~ 하다)

현재분사에서 중요한 첫 번째 용법은 바로 '~하면서 ~하다'라는 뜻의 동시적으로 일어나는 동작을 표현하는 것입니다. 현재분사는 동사 바로 다음에 위치하고 '현재분사 하면서 동사하다'로 해석하면 됩니다.

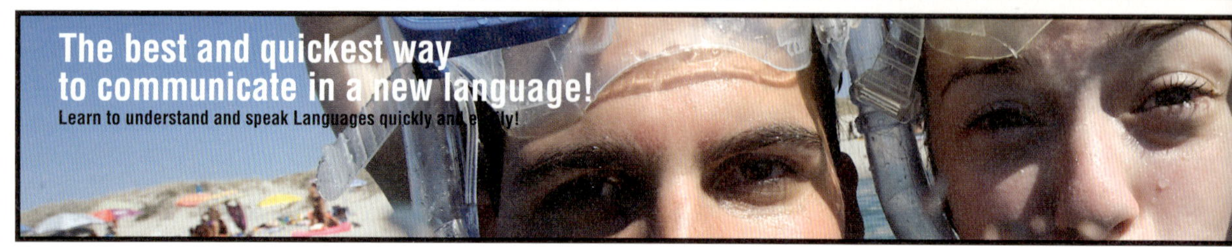

(**cantar** 노래하다, **tocar** 연주하다, **piano** {m} 피아노, **descansar** 쉬다, **ver** 보다, **televisión** {f} 텔레비전, **leer** 읽다, **libro** {m} 책, **tomar el sol** 일광욕하다, **estudiante** {m,f} 학생, **estudiar** 공부하다, **escuchar** 듣다, **música** {f} 음악)

Ella canta tocando el piano.

그녀는 피아노를 치면서 노래합니다.

Mi mamá descansa viendo la televisión.

나의 엄마는 텔레비전을 보면서 쉽니다.

Las chicas leen libros tomando el sol.

소녀들이 일광욕을 하면서 책을 읽습니다.

Los estudiantes estudian escuchando la música.

학생들이 음악을 들으면서 공부합니다.

❷ 진행형 : **estar** + 현재분사 (~ 하고 있다 / ~하는 중이다)

우리가 잘 알고 있는 영어의 **be + -ing** 현재진행형을 스페인어로 만들면,
스페인어 **be** 동사에 해당하는 **estar** 동사 + 현재분사 형태로 만들면 됩니다.
'~하는 중이다'로 해석합니다.
여기서 **estar** 동사를 과거나 미래형으로 바꿔주면 각각 '과거진행형', '미래진행형'으로
활용도 가능합니다.

(**hacer** 하다, **deberes** {m} 숙제, **joven** (m/f) 젊은이, **beber** 마시다, **cerveza** {f} 맥주, **escribir** 쓰다, **novela** {f} 소설)

¿Qué estás haciendo?

(너는) 뭘 하고 있니?

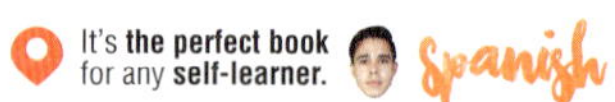

Estoy haciendo los deberes.
(나는) 숙제를 하고 있는 중입니다.

Los jóvenes están bebiendo cerveza.
젊은이들이 맥주를 마시고 있습니다.

Ella está escribiendo una novela.
그녀는 소설을 쓰고 있습니다.

❸ 행위의 지속 : **ir** (가다) / **seguir** (따르다) / **continuar** (계속하다)
/ **llevar** (가지고 가다) + 현재분사

다음의 동사들 뒤에 현재분사가 오면 행위의 지속을 나타낼 수 있습니다.

ir + 현재분사	(계속 ~해가다)
seguir + 현재분사	(계속 ~하다)
continuar + 현재분사	(계속 ~하다)
llevar + (기간) + 현재분사	(~기간 동안 계속 ~하다)

(**caminar** 걷다, **hacia** ~를 향해, **salir** 외출하다, **llover** 비가 오다, **año** {m} 해/년, **vivir** 살다)

Vamos caminando hacia casa.
(우리들은) 집을 향해 계속 걸어가고 있습니다.

No puedo salir. Sigue lloviendo.
(나는) 외출할 수 없습니다. 계속 비가 옵니다.

Ellos continúan estudiando español.
그들은 계속해서 스페인어를 공부하고 있습니다.

Él lleva 10 años viviendo en Seúl.
그는 서울에서 10년째 살고 있습니다.

Practical, **Useful** and
Easy-To-Understand Lessons!

From **basic greetings** and **expressions** to **grammar** and **conversations**!

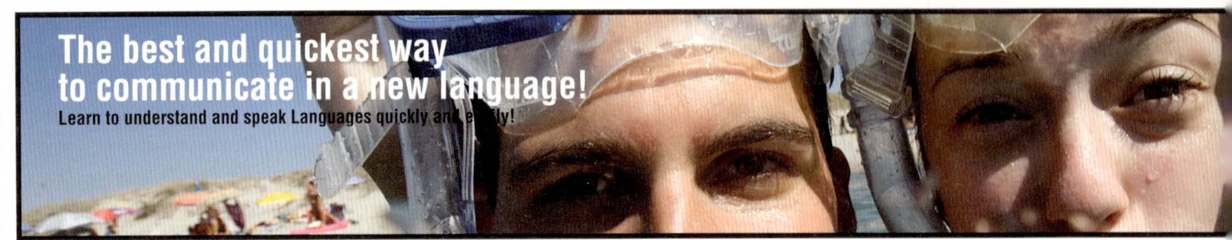

 **16-4. 현재분사로 조건이나 양보를 나타내는 방법!**

정말로 쓰임새가 많은 것이 현재분사입니다.
이번에는 현재분사로 시작하는 구를 만들어서 조건이나 양보를 나타내는 문장을
만들어 보겠습니다.

(**estudiar** 공부하다, **contigo** 너와 함께, **miedo {m}** 두려움, **ser** ~이다, **pobre** 가난한, **comprar** 사다, **coche {m}** 자동차, **llover** 비가 내리다, **escuela {f}** 학교)

Estudiando mucho español, puedes ir a España.
(너는) 스페인어를 열심히 공부하면, 스페인에 갈 수 있다. (조건)

Estando contigo, no tengo miedo.
너와 함께 있으면 (나는) 두렵지 않다. (조건)

Siendo pobre, ella quiere comprar un coche.
그녀는 가난하면서도 차를 사기를 원한다. (양보)

Lloviendo mucho, voy a la escuela.
비가 많이 올지라도 (나는) 학교에 간다. (양보)

16-5. 스페인어의 부사!

'부사'란 '동사, 형용사, 부사를 수식하는 품사'입니다.
스페인어의 부사는 다음의 두 가지로 나눌 수 있습니다.

❶ 태생적 부사 : 태어날 때부터 부사로 태어난 어휘들입니다.

bien (잘/옳게), **mal** (좋지 않게), **muy** (아주), **mucho** (많이),

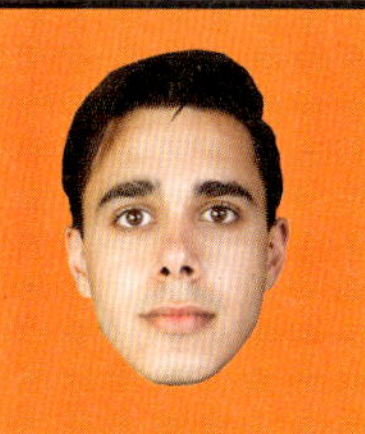

poco (적은 수로), **temprano** (일찍), **tarde** (늦게), **pronto** (곧),
rápido (재빨리), **lento** (느리게), **despacio** (천천히)

(**hermana** {f} 언니/여동생, **guapo/-a** 잘생긴/예쁜, **cantar** 노래하다, **cantante** {m,f} 가수)

Tu hermana es muy guapa.

너의 누나는 아주 예쁘다.

El cantante canta bien.

그 가수는 노래를 잘 합니다.

❷　인위적 부사 : 형용사에서 출발해 부사로 거듭 태어난 어휘들입니다.

'형용사+**mente** 형'으로 만들어집니다. 이때 형용사는 여성형을 써주며,
남성/여성의 형태가 같은 형용사일 경우에는 그대로 써주면 됩니다.

claro (명확한)	➜	**claramente** (명확하게)
positivo (긍정적인)	➜	**positivamente** (긍정적으로)
especial (특별한)	➜	**especialmente** (특별히)
general (일반적인)	➜	**generalmente** (일반적으로)

그리고 본래 형용사일 때 가지고 있던 강세는 그대로 가져갑니다!

rápido (빠른)	➜	**rápidamente** (재빠르게)
económico (경제적인)	➜	**económicamente** (경제적으로)

(**hablar** 말하다, **pensar** 생각하다, **dificultad** {f} 어려움, **tener** 가지고 있다)

Ella habla claramente.

그녀는 명확하게 말합니다.

Pienso positivamente.

(나는) 긍정적으로 생각합니다.

Tenemos dificultad económicamente.

(우리는) 경제적으로 어려움을 가지고 있습니다.

multi plus

Learn to understand and speak Languages quickly and easily!

Useful and Easy-To-Understand Lessons!

210

16+.
Capítulo 16+ Multi Plus
스페인어가 든든해지는 멀티플러스!

알고보면 쇼핑의 도시 스페인! 그야말로 꿀 **tip**인 쇼핑 관련 회화를 알아보도록 하겠습니다. 앞서 공부한 현재진행형으로 응용할 수 있는 표현들이 많이 있습니다.

It's the perfect book for any self-learner. **spanish**

16-1+. 쇼핑용 스페인어 단계별 회화!

❶　　1단계, 상점 찾기!

추천 장소: **la farmacia** 약국, **el supermercado** 슈퍼마켓, **el mercado** 시장, **el centro** 중심가, **la tienda libre de impuestos** 또는 **duty free** 면세점
추천 코너 : **sección de** ~의 코너, **cosmético** 화장품, **zapato** 신발, **perfume** 향수

(**almacén {m}** 백화점, **sección de ropa {f}** 의류 코너)

¿Dónde está el almacén?
백화점이 어디에 있습니까?

¿Dónde está la sección de ropa?
의류 코너는 어디입니까?

❷　　2단계, 상품 고르기!

상점에 들어갈 때는 먼저 가볍게 인사하시면 됩니다. **¡Buenos días! / ¡Buensas tardes! / ¡Buenas noches!** (아침/점심/저녁 인사) 그러면 점원의 응대가 이어집니다.
¿Qué quiere? (무엇을 원하십니까?), **¿En qué puedo ayudarle?** (무엇을 도와드릴까요?),
도움이 필요 없을 경우엔 **No gracias.** 로 정중히 거절하면 됩니다.

추천 상품 : **los pantalones** 바지, **la falda** 치마, **la blusa** 블라우스, **la camiseta** 티셔츠,
el traje 정장

(**mirar** 보다, **simplemente** 단지/오직, **buscar** 찾다, **vestido {m}** 원피스, **probarse** 시도하다,
probador {m} 피팅룸)

Estoy mirando simplemente.
단지 보고 있는 중입니다.

Estoy buscando un vestido.
원피스를 하나 찾고 있습니다.

¿Puedo probarme este vestido?
이 원피스를 입어볼 수 있을까요?

¿Dónde está el probador?
피팅룸이 어디 있습니까?

❸　3단계, 상품 선택!

피팅 관련 표현 : **grande** 큰, **pequeño/-a** 작은, **estrecho/-a** 꽉 끼는, **flojo/-a** 헐렁한

(**gustar** 반하다, **quedar bien** ~에게 잘 어울리다, **talla {f}** 사이즈)

¡Me gusta mucho!
아주 마음에 듭니다.

No me gusta.
마음에 들지 않습니다.

¿Me queda bien?
제게 잘 어울리나요?

Me queda grande.
제게 큽니다.

¿Tiene la talla más pequeña?
더 작은 사이즈가 있습니까?

¿Cuál es su talla?
당신 사이즈가 무엇입니까?

❹ 4단계, 계산하기!

(**llevar** 가지고 가다, **lo** 그것을, **oferta** {f} 특판, **especial** 특별한, **envolver** 포장하다, **todo** 전부)

Voy a llevarlo.
그것으로 하겠습니다.

¿Hay una oferta especial?
특별할인이 있나요?

¿Se puede envolver?
포장됩니까?

¿Cuánto es todo?
전부 얼마입니까?

16-2+. 스페인어로 덧셈, 뺄셈하기!

막간을 이용해 쇼핑에 필요한 스페인어 수학공부를 좀 해보겠습니다.
스페인어 덧셈, 뺄셈입니다.

(**más** 더하기, **menos** 빼기, **ser** ~이다)

Tres más seis son nueve.
3 더하기 6은 9.

Seis menos tres son tres.
6 빼기 3은 3.

Siete más ocho son quince.
7 더하기 8은 15.

Quince menos cinco son diez.
15 빼기 5는 10.

17.
Capítulo 17
스페인어의 과거분사와 현재완료!
Hemos estado en Madrid.
(우리는) 마드리드에 있었습니다.

이번 과는 스페인어의 과거분사입니다. 과거분사를 알면 표현할 수 있는 시제가 늘어납니다.
영어에서 **have + p.p** 로 현재완료 시제를 만들었던 것과 같은 방식입니다.
과거분사와 함께 스페인어의 과거에 한 발짝 가깝게 갈 수 있습니다.

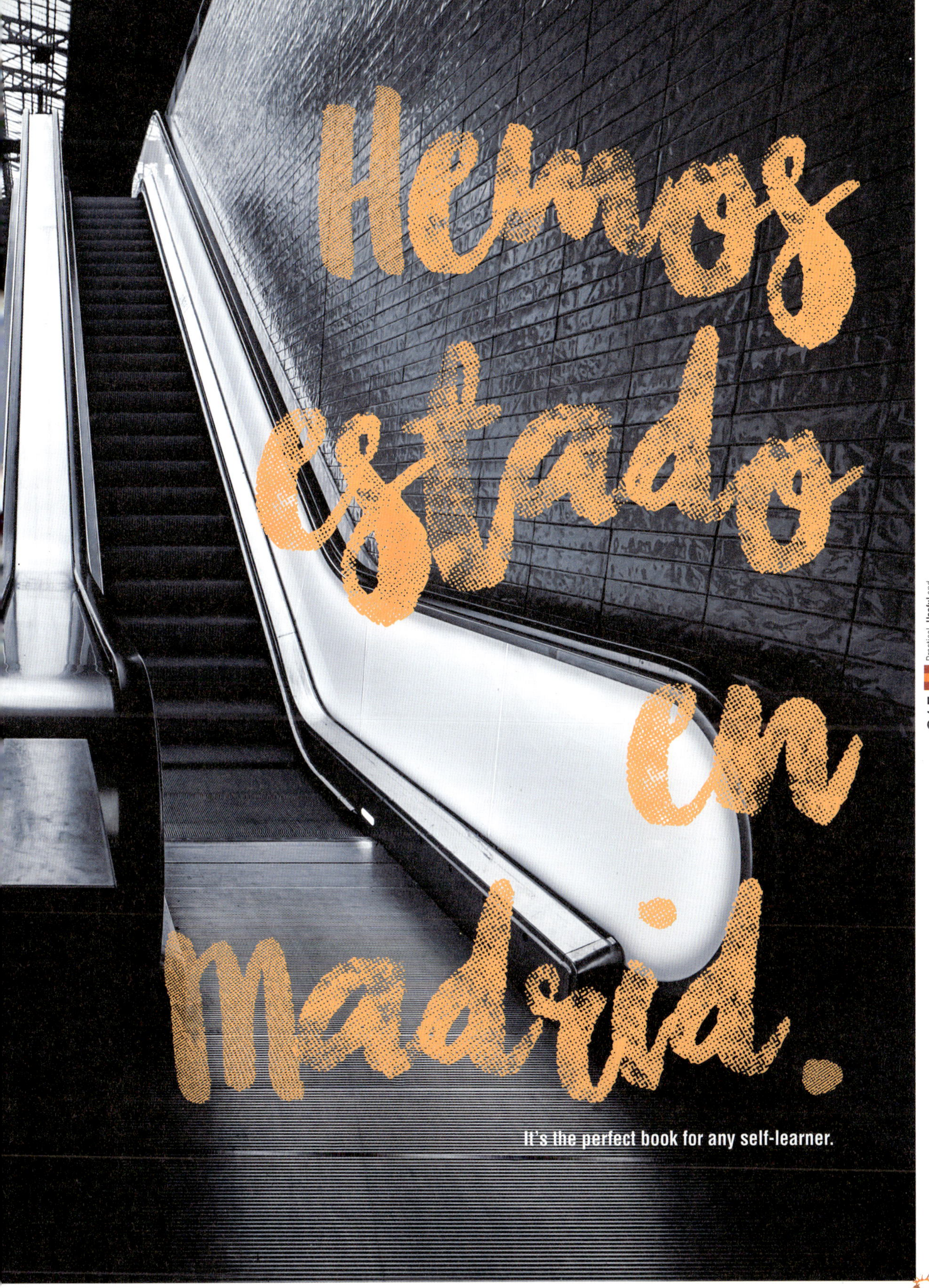

Hemos estado en Madrid.
It's the perfect book for any self-learner.
Practical, Useful and Easy-To-Understand Lessons!
215
From basic greetings and expressions to grammar and conversations!

17-1. 스페인 요리 베스트 7

'식도락'으로 유명한 스페인 사람들인지라 자랑할만한 요리들이 많습니다.
풍부하고 신선한 식재료가 맛있는 요리 발달에 한몫하기도 했고요. 그래서 준비한 '죽기 전에 꼭 먹어봐야 할 스페인 요리 7가지!'를 소개합니다! 밥류 : **Paella** [빠에야](스페인식 볶음밥), 소시지류 : **Jamón** [하몽](스페인식 소시지), **Chorizo** [초리소](파프리카소시지), 고기요리류 : **Co-chinillo** [꼬치니요](새끼돼지구이), **Cocido** [꼬시도](고기스튜), **Callos** [까요스](곱창토마토전골), **Embutido** [엠부띠도](순대) 등이 있습니다. 육류요리엔 야채와 콩이 항상 들어갑니다. 오일 베이스로 조리하기 때문에 약간 기름진 느낌이 있지만 우리 입맛에도 잘 맞습니다. 일단 강추!

17-2. 스페인어의 과거분사

스페인어의 과거분사는 영어의 **p.p** 즉 **-ed** 형을 말합니다.
그 쓰임새 또한 서로 많이 닮았습니다. 스페인어의 과거분사는 주로 현재완료 시제와 수동태에 활용합니다. 자! 그러면 과거분사를 어떻게 만드는지 방법부터 살펴보도록 하겠습니다.

스페인어의 과거분사를 만드는 방법은 규칙형과 불규칙형 두 가지입니다.

❶　　　규칙형 과거분사 :

규칙형 과거분사를 만드는 방법은 동사원형의 어미를 떼어내고 각각의 분사어미인 **-ado**, **-ido** 를 붙여주면 됩니다.

1변화동사 :	**-ar**	>	**-ado**	**hablar > hablado**
2변화동사 :	**-er**	>	**-ido**	**comer > comido**
3변화동사 :	**-ir**	>	**-ido**	**vivir > vivido**

현재시제 동사변화나 현재분사를 만들 때 불규칙이었던 동사들이 과거분사에서는 규칙변화를 하기도 합니다.

ir (가다) > **ido**
dormir (자다) > **dormido**
pedir (요청하다) > **pedido**

venir (오다) > **venido**
huir (도망가다) > **huido**
seguir (따라가다) > **seguido**

 불규칙형 과거분사 :

불규칙형 과거분사를 만드는 방법은 '초(**-cho**)토(**-to**)화 현상'이 일어납니다.
그러니까 불규칙형 과거분사를 만드는 방법은 분사어미로 **-cho** 나 **-to** 를 붙이거나,
어미에 강세가 추가되는 경우의 3가지 방법이 있습니다.

hacer (하다) > **hecho**
ver (보다) > **visto**
oír (듣다) > **oído**

decir (말하다) > **dicho**
escribir (쓰다) > **escrito**
leer (읽다) > **leído**

17-3. 스페인어 과거분사의 기능!

스페인어 과거분사 만드는 방법을 알게 되었습니다.
이제는 어떻게 사용할 수 있는지에 대해 살펴 보겠습니다.

❶ 과거분사로 형용사나 보어 기능하기 :

과거분사는 마치 형용사처럼 명사를 수식하거나, 동사 뒤에서 보어의 역할을 할 수 있습니다.
그래서 수식하는 명사에 성수를 일치시키거나, 보어로 쓰일 경우에는 문장의 주어에 성수를
일치시켜야 합니다.

(**habitación {f}** 방, **ordenado/-a** 정돈된 (**ordenar** 정리하다), **persona {f}** 사람, **abierto/-a** 열린
(**abrir** 열다), **médico {m}** 의사, **cansado/-a** 피곤한 (**cansar** 피곤하게 하다))

From **basic greetings** and **expressions** to **grammar** and **conversations**!

La habitación bien ordenada
잘 정돈된 방

Ella es una persona muy abierta.
그녀는 매우 개방적인 사람입니다.

El médico está cansado.
그 의사는 피곤해 있다.

❷　과거분사로 수동태 표현하기 :

과거분사를 알면 스페인어 수동태도 해결할 수 있습니다.
'수동태'는 주어가 다른 행위자에 의해 조작 또는 행위됨을 표현합니다.
만드는 방법은 '**ser** + 과거분사 + **por** 행위자'(동작을 나타내는 수동태 -일명 동작수동)
또는 '**estar** + 과거분사' (상태를 나타내는 수동태 - 일명 상태수동)의 2가지입니다.
수동태에서 중요한 점은 '과거분사가 주어의 성수에 일치되어야 한다'는 것입니다!

　1) 동작수동 : **ser** + 과거분사 + **por** 행위자 (…에 의해 ~되다)

(**puerta {f}** 문, **cerrado/-a** 닫힌 (**cerrar** 닫다), **por** ~ 의해, **viento {m}** 바람, **libro {m}** 책,
llevado/-a 옮겨진 (**llevar** 옮기다), **alumno {m}** 학생)

La puerta es cerrada por el viento.
문이 바람에 의해 닫힙니다.

Los libros son llevados por un alumno.
책들은 한 학생에 의해 옮겨집니다.

　2) 상태수동 : **estar** + 과거분사 (~되어 있는 상태이다)

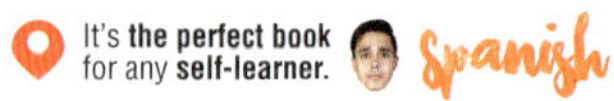

(**vaso {m}** 컵, **roto/-a** 깨진 (**romper** 깨다), **fiesta {f}** 파티, **preparado/-a** 준비된 (**preparar** 준비하다))

El vaso está roto.

컵이 깨져있습니다.

La fiesta está bien preparada.

파티는 잘 준비되어 있습니다.

 ## 17-4. 스페인어 과거분사와 현재완료시제!

사실, 스페인어의 시제는 매우 다양합니다.
크게는 과거, 현재, 미래로 나눌 수 있고, 이 3가지 시제가 다시 복합시제(현재완료, 과거완료, 미래완료, 가능법완료)로 세분화됩니다. 영어와 비교해도 다소 복잡한 편이죠.

시제를 알면 여러분이 표현할 수 있는 스페인어의 범위가 대폭 확장됩니다.
과거분사를 알면 스페인어 현재완료시제를 만들 수 있습니다.
'현재완료시제'란 말 그대로 과거에 일어난 일이나 행동이 말하는 순간의 현재에 완료된 것을 말합니다.

❶   현재완료시제 만드는 법 :

스페인어의 현재완료는 영어의 **have + p.p** 처럼 '조동사와 과거분사'로 만듭니다.
스페인어에서는 **haber** 가 시제를 만드는 조동사이며, 주어에 맞춰 인칭에 변화를 합니다.
그리고 과거분사는 주어에 따라 성수 변화하지 않습니다.

haber 의 동사변화 : he has ha hemos habéis han

From basic greetings and expressions to grammar and conversations!

❷　현재완료의 용법 :

현재완료는 '과거에 시작한 행위가 현재에까지 영향을 미치는 것'을 표현하는데,
여기에는 '완료, 경험, 지속'의 의미를 담고 있습니다.

(**tren {m}** 기차, **partir** 떠나다, **estar** 있다, **ya** 벌써/이미, **aprender** 배우다, **año {m}** 년/해)

El tren ha partido.

기차가 (방금) 떠났습니다. (완료 : 현재시점에 완료)

Hemos estado en Madrid.

(우리는) 마드리드에 있었습니다. (경험 : 현재까지 경험)

Ya han aprendido el español 2 años.

벌써 (여러분은) 스페인어를 2년 배웠습니다. (지속 : 현재까지 지속)

현재완료 문장은 현재와의 연관성을 나타내는 시간관련 부사 또는 부사구를 종종 동반합니다.
이를 통해 시점을 더욱 명확하게 밝혀 문장과 현재시점의 관련성이 더욱 확실하게 표현됩니다.

❸　시간 관련 부사 및 부사구 :

hoy (오늘)
esta mañana (오늘 아침)　　**esta tarde** (오늘 오후)　　　**esta noche** (오늘 밤)
esta semana (이번 주)　　　**este mes** (이번 달)　　　　**este año** (이번 해)

(**ir** 가다, **museo {m}** 박물관, **desayunar** 아침 먹다, **visitar** 방문하다, **vez {f}** 번/횟수)

Esta tarde he ido al museo.

(나는) 오늘 오후에 박물관에 갔었습니다.

¿Has desayunado hoy?

(너는) 오늘 아침식사 했니?

Hemos visitado China 3 veces este año.

(우리는) 이번 해에 중국을 3번 방문했습니다.

Practical, **Useful** and
Easy-To-Understand Lessons!

From **basic greetings** and **expressions** to **grammar** and **conversations**!

multi plus

Learn to understand and speak Languages quickly and easily!

Practical, **Useful** and **Easy-To-Understand** Lessons!

17+.
Capítulo 17+ Multi Plus
스페인어가 든든해지는 멀티플러스!

여러분의 스페인어 현재 시제를 완료한 의미 있는 17과였습니다.
멀티플러스 코너를 통해 현재완료 활용능력을 조금 더 플러스!해보겠습니다.

It's the perfect book for any self-learner.

17-1+. 지금까지 배운 각과 제목을
스페인어 현재완료형으로 바꿔보세요!

외국어를 잘하기 위해서는 많은 문장들을 아는 것도 중요하지만, 알고 있는 문장을 다양한 시제로 바꿔보는 것 역시 효율적인 외국어 학습법입니다. 그래서 이번에는 3과부터 16과까지 중 11개 제목(주요문장)을 골라 현재완료형으로 바꿔보는 시간을 마련했습니다!

제 03과 :

(Yo) Aprendo español.

➡ **(Yo) He aprendido español.**
(나는) 스페인어를 배웠습니다.

제 06과 :

(Yo) Soy estudiante.

➡ **(Yo) He sido estudiante.**
(나는) 학생이었습니다.

제 07과 :

¿Eres (tú) español?

➡ **¿Has sido español?**
(너는) 스페인 사람이었니?

제 08과 :

Mi novio me regala una rosa.

➜ ## Mi novio me ha regalado una rosa.
내 남자친구는 나에게 장미 한 송이를 선물했습니다.

제 09과 :

Hay unos alumnos en la clase.

➜ ## Ha habido unos alumnos en la clase.
교실에 몇몇의 학생들이 있었습니다.

제 10과 :

Entendemos español.

➜ ## Hemos entendido español.
(우리들은) 스페인어를 이해했습니다.

제 11과 :

¿Puedes ayudarme?

➜ ## ¿Has podido ayudarme?
나를 좀 도와줄 수 있었니?

제12과 :

Yo sé tocar el piano.

➜ **He sabido tocar el piano.**
(나는) 피아노를 칠 줄 알았었습니다.

제13과 :

Voy a la piscina.

➜ **He ido a la piscina.**
(나는) 수영장에 갔습니다.

제14과 :

¿Cuándo empieza la clase?

➜ **¿Cuándo ha empezado la clase?**
언제 수업이 시작했었니?

제16과 :

¿Qué estás haciendo?

➜ **¿Qué has hecho?**
(너는) 뭐 했니?

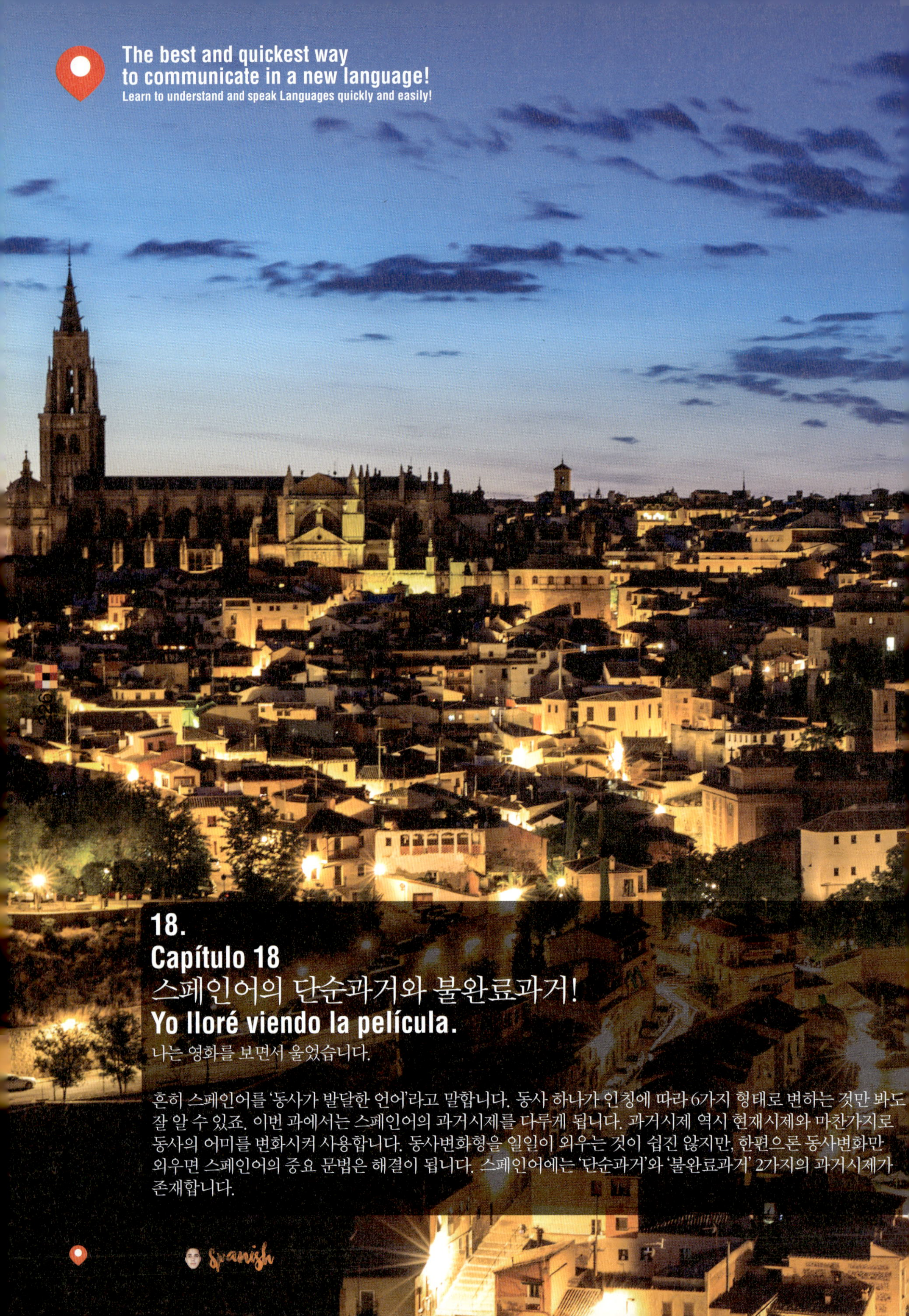

18.
Capítulo 18
스페인어의 단순과거와 불완료과거!
Yo lloré viendo la película.

나는 영화를 보면서 울었습니다.

흔히 스페인어를 '동사가 발달한 언어'라고 말합니다. 동사 하나가 인칭에 따라 6가지 형태로 변하는 것만 봐도 잘 알 수 있죠. 이번 과에서는 스페인어의 과거시제를 다루게 됩니다. 과거시제 역시 현재시제와 마찬가지로 동사의 어미를 변화시켜 사용합니다. 동사변화형을 일일이 외우는 것이 쉽진 않지만, 한편으론 동사변화만 외우면 스페인어의 중요 문법은 해결이 됩니다. 스페인어에는 '단순과거'와 '불완료과거' 2가지의 과거시제가 존재합니다.

Yo lloré viendo la película.
It's the perfect book for any self-learner.
From basic greetings and expressions, to grammar and conversations!

 # 18-1. 스페인 **macho** 의 황소 축제!

스페인 남자들은 자타공인 마초입니다!
이론의 여지가 없도록 '황소를 모티브로' 축제를 벌입니다. 투우야 직업인인 투우사의 경기라고
하겠지만 **Pamplona** 의 **San Fermín** 축제는 모든 남자가 그 대상입니다.
이름하여 '황소 달리기'. 매년 서너 명은 사망하고, 수십 명이 부상당하는 황소폭주경기입니다.
(8일 동안 매일 6마리의 황소와 함께 825m의 골목길을 약 4분 동안 내달리는 경기.
몇몇 해안도시에서는 황소를 피해 바닷물로 뛰어들기도 합니다.)
아무튼 스페인 남자들의 목숨 건 허세가 익스트림 스포츠의 원조가 된 게 아닌가 싶습니다.

 # 18-2. 스페인어 단순과거의 형태

스페인어의 과거시제에는 단순과거와 불완료과거가 있습니다.
먼저 변화형을 살펴보고 용법에 대해 설명드리겠습니다.
그러면 단순과거(**Pretérito simple**) 형부터 만나보겠습니다.
현재시제에서와 마찬가지로 과거시제의 동사 변형은 규칙과 불규칙으로 나뉩니다.

❶ 규칙형 단순과거 :

어근을 제외한 어미에서만 변화가 일어나는 동사들을 뜻합니다. **-ar** 의 어미변화는 **-é / -aste /
-ó / -amos/ -asteis / -aron** 이고, **-er** 와 **-ir** 의 어미변화는 **-í / -iste / -ió / -imos / -isteis / -
ieron** 로 서로 똑같습니다.

hablar (말하다) : **hablé hablaste habló   hablamos hablasteis hablaron**
comer (먹다) : **comí comiste comió comimos comisteis comieron**
vivir (살다) :   **viví viviste vivió vivimos vivisteis vivieron**

❷　불규칙형 단순과거 :

불규칙적으로 변화하지만, 변화의 패턴이 같은 동사들을 묶을 수 있습니다.

a) 음가유지형 : 1인칭단수 형태가 본래 동사 원형일 때의 음가를 유지하기 위해 독특하게
변화하는 유형입니다. 예를 들어 동사 **buscar** 의 경우 원형 [부스까르]의 [ㄲ] 음가를 유지하기
위해 철자를 변화시킨다는 것이죠.

buscar (찾다) :	busqué buscaste buscó　buscamos buscasteis buscaron
empezar (시작하다) :	empecé empezaste empezó
	empezamos empezasteis empezaron
llegar (도착하다) :	llegué llegaste llegó　llegamos llegasteis llegaron

b) 3인칭 단/복수에서 **e ➔ i** 로 변하는 형 : 어간모음 **e** 가 **i** 로 바뀌는 유형입니다.

pedir (요구하다) :	pedí pediste pidió　pedimos pedisteis pidieron
sentir (느끼다) :	sentí sentiste sintió　sentimos sentisteis sintieron

c) 3인칭 단/복수에서 **o ➔ u** 로 변하는 형 : 어간모음 **o** 가 **u** 로 바뀌는 유형입니다.

dormir (자다) :	dormí dormiste durmió　dormimos dormisteis durmieron
morir (죽다) :	morí moriste murió　morimos moristeis murieron

d) 기타형 : 기타 불규칙하게 변화하는 형태입니다.
매우 독특한 것은, **ir** 동사와 **ser** 동사의 변화형이 동일하다는 것입니다.

tener (가지다) :	tuve tuviste tuvo tuvimos tuvisteis tuvieron
estar (있다) :	esluve estuviste estuvo estuvimos estuvisteis estuvieron
hacer (하다/만들다) :	hice hiciste hizo hicimos hicisteis hicieron
ir/ser (가다/이다) :	fui fuiste fue fuimos fuisteis fueron

From **basic greetings** and **expressions** to **grammar** and **conversations**!

18-3. 스페인어 단순과거의 사용법

자! 이제 우리의 관심은 과연 어떤 경우에 '단순과거' 시제를 사용하는지가 되겠습니다.
단순과거는 속칭 '점(占)의 과거'로도 불립니다.
과거라는 길고 긴 시간 속에 찍힌 한 점이라는 의미입니다.
앞의 과에서 공부했던 현재완료와는 다르게 과거의 행위가 현재까지 영향을 미치지 않고
분명하게 종료된 상황일 경우에 사용하는 시제입니다.

❶ 과거시점에서 일어나고 마무리된 행위 또는 상태는 단순과거입니다!

(llorar 울다, viendo ver (보다)의 현재분사, película {f} 영화, amigo {m,f} 친구, allí 저기에,
adónde 어디에, hoy 오늘)

Yo lloré viendo la película.
나는 영화를 보면서 울었습니다.

Mis amigos estuvieron allí.
내 친구들이 저기에 있었습니다.

¿Adónde fuiste hoy?
(너는) 오늘 어디에 갔었니?

❷ 구체적인 기간 동안 지속되다가 마무리된 행위 또는 상태는 단순과거입니다!

(vivir 살다, mes {m} 월, abuelo {m} 할아버지, fumar 흡연하다, durante ~동안, año {m} 해/년,
visitar 방문하다, día {m} 날/일)

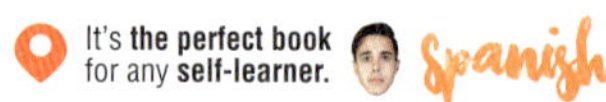

Ella vivió 5 meses en Barcelona.

그녀는 바르셀로나에서 5개월간 살았습니다.

Mi abuelo fumó durante 30 años.

나의 할아버지는 30년 동안 흡연했습니다.

Visitó Corea durante 10 días.

(그는) 10일 동안 한국을 방문했습니다.

 ## 18-4. 스페인어 불완료과거의 형태

이번에는 불완료과거(**Pretérito imperfecto**)형입니다.
불완료과거 동사변화 역시 '규칙형'과 '불규칙형'으로 나뉩니다. 불규칙 형태는
딱 3가지만 존재합니다!

❶　　규칙형 불완료과거 :

-ar 로 끝나는 동사는 **-aba -abas -aba -ábamos -abais -aban** 으로 어미변화하고,
-er / -ir 로 끝나는 규칙동사는 **-ía -ías -ía -íamos -íais -ían** 으로 어미변화합니다.

hablar (말하다) :	**hablaba hablabas hablaba**
	hablábamos hablabais hablaban
comer (먹다) :	**comía comías comía comíamos comíais comían**
vivir (살다) :	**vivía vivías vivía vivíamos vivíais vivían**

❷　　불규칙형 불완료과거 :

불규칙적으로 변화하는 것은 단 3개뿐입니다. 나머지는 모두 규칙형이고요.

ser (~이다) :	**era eras era éramos erais eran**
ir (가다) :	**iba ibas iba íbamos ibais iban**
ver (보다) :	**veía veías veía veíamos veíais veían**

From basic **greetings** and **expressions** to **grammar** and **conversations**!

18-5. 스페인어 불완료과거의 사용법

'불완료과거'는 일명 '선(線)의 과거'로 불립니다.
과거의 행위가 한순간에 그치지 않고 지속된 경우입니다.
다음의 두 가지 경우를 예로 들 수 있습니다.

❶ 과거의 지속적, 반복적, 습관적인 행위 또는 상태는 불완료과거입니다!
(~하고 있었다/했었다/~하곤 했다)

(**estudiar** 공부하다, **todo el día** 하루 종일, **cuando** ~할 때, **pequeño/-a** 어린/작은, **tener** 가지다, **amigo {m}** 친구, **a pie** 걸어서)

Estudiaba español todo el día.
(나는) 하루 종일 스페인어 공부를 하고 있었다.

Cuando yo era pequeña, tenía muchos amigos.
나는 어렸을 때 친구가 많았다.

Ella iba a pie a la universidad.
그녀는 대학교에 걸어가곤 했습니다.

❷ 과거 시간 속 상황의 묘사는 불완료과거입니다! (~이었다/있었다)

(**tarde {f}** 오후, **año {m}** 년/해, **pasado/-a** 지난, **frío {m}** 추위, **calle {f}** 거리, **gente {f}** 사람들, **caminar** 걸어가다)

Eran las seis de la tarde.
오후 6시였다.

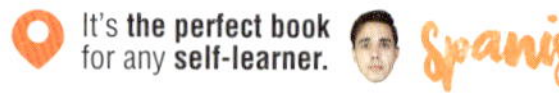

El año pasado hacía mucho frío.

작년에는 날씨가 매우 추웠다.

En la calle, mucha gente caminaba.

거리에는 많은 사람들이 걷고 있었다.

 ## 18-6. 불완료과거 vs 단순과거!

불완료과거와 단순과거의 차이점을 다시 한번 확인해보겠습니다.
간단하게 정의하면 이 둘은 각각 '점(占)의 과거'와 '선(線)의 과거'라고 할 수 있습니다.
불완료과거는 과거에 지속적으로, 습관적으로 이루어진 행위나 상태,
또는 과거 속의 상황을 묘사할 때 사용하는 반면, 단순과거는 과거 시점에 일어나서
즉시 마무리 되었거나 일정 기간 동안 지속되다 마무리 된 행위나 상태를 표현합니다.
불완료과거는 상황을 묘사하고, 단순과거는 정확한 순간을 말하는데 사용합니다.
비교를 위해 두 과거가 함께 나오는 예문을 아래에 준비했습니다.

(**mientras** ~하는 동안, **aprender** 배우다, **academia {f}** 어학원, **cuando** ~할 때에 (접속사), **llegar** 도착하다, **casa {f}** 집, **mamá {f}** 엄마, **TV {f} televisión** 의 줄임말)

Mientras estábamos en Barcelona, aprendimos español en una academia.

(우리는) 바르셀로나에 있는 동안(불완료과거),
한 학원에서 스페인어를 배웠습니다. (단순과거)

Cuando llegó a casa mi mamá, yo veía la TV.

나의 엄마가 집에 도착하셨을 때(단순과거),
나는 TV를 보고 있었습니다. (불완료과거)

Practical, **Useful** and Easy-To-Understand **Lessons!**

From basic **greetings** and **expressions** to **grammar** and **conversations!** 

multi plus

Learn to understand and speak Languages quickly and easily

18+.
Capítulo 18+ Multi Plus
스페인어가 든든해지는 멀티플러스!

스페인어 실력 팍팍 높이기 꿀 **tip**은 바로 스페인 친구 사귀기입니다. 무엇보다 좋은 점은 교과서 스페인어보다 더욱 실전적인 회화표현을 배울 수 있다는 것입니다.

18-1+. 스페인어로 친구사귀기 제1단계 : 인사하기!

스페인 사람들은 모르는 사람과도 눈이 마주치면 웃으며 인사를 건넬 수 있는 '정'이 있습니다.
스페인 친구를 사귈 때는 언제나 적극적인 자세가 가장 중요합니다. 먼저 인사를 건네보세요.
¡Hola!

(**¿Qué tal?** 어떻게 지내? (**¿Cómo estás?** 와 같은 의미), **nombre {m}** 이름)

¡Hola! ¿Qué tal?
안녕! 어떻게 지내?

Bien, gracias.
잘 지내, 고마워.

Mi nombre es Clara.
내 이름은 끌라라야.

친구를 부를 때는 일반적으로 이름을 부르지만 **amigo / amiga** (친구야)로 불러도 됩니다.
젊은 스페인 청년들끼리는 친근함을 극대화하는 표현으로 영어의 **brother** (남자형제)에
해당하는 **hermanito** 라고 부르기도 합니다.

¡Amigo!
친구!

¡Hermanito!
브라더! (친근함을 표현)

18-2+. 스페인어로 친구사귀기 제2단계 : 신상공유!

기본적인 신상을 공유하면 급 친해질 수 있습니다. 서로의 공통점을 발견한다면
더욱 친근하게 느끼게 되겠죠?

(**universidad {f}** 대학, **estudiar** 공부하다, **vivir** 살다, **cerca** 가까이, **aquí** 여기, **nacer** 태어나다)

¿Dónde está tu universidad?

너의 대학이 어디에 있니?

¿Qué estudias en la universidad?

대학에서 무엇을 공부하니?

¿Vives cerca de aquí?

여기서 가까이 사니?

¿Naciste en España?

스페인에서 태어났니?

¿Cuántos años tienes?

(너) 몇 살이니?

18-3+. 스페인어로 친구사귀기 제3단계 : 알아가기!

친구 사이에 기본적인 관심사를 공유할 수 있다는 것은 매우 중요합니다.
그렇게 하면서 대화와 관심이 이어지고 깊어지기 때문입니다.

(**cumpleaños {m}** 생일, **gustar** 좋아하다, **hacer** 하다, **deporte {m}** 스포츠, **hermano {m}** 형제)

¿Cuándo es tu cumpleaños?
네 생일이 언제니?

¿Qué te gusta hacer?
뭐 하는 것을 좋아하니?

¿Te gusta hacer deporte?
스포츠 하는 것을 좋아하니?

¿Tienes hermanos?
형제가 있니?

18-4+. 스페인어로 친구사귀기 제4단계 : 우정다지기!

이제 막 알게 된 새로운 친구와의 관계를 유지할만한 쐐기를 박습니다.
꾸준한 연락과 만남을 통한 계기가 필요합니다.

(querer 원하다/좋아하다, invitar 초대하다, ir a inf. (동사원형) ~할 예정이다, llamar 부르다/
전화하다, esta noche 오늘 밤, tener 가지다, agregar 추가하다, lista {f} 목록, amigo/-a 친구)

Quiero invitarte a mi casa.
(너를) 우리 집에 초대하고 싶어.

Voy a llamarte esta noche.
오늘 밤에 전화할게.

¿Tienes facebook?
(너) 페이스북 있니?

Voy a agregarte en la lista de amigos.
친구목록에 (너를) 추가할게.

Practical, Useful and Easy-To-Understand Lessons!

Tú eres más bonita que yo.

It's the perfect book for any self-!earner.

19.
Capítulo 19
스페인어의 비교급!
Tú eres más bonita que yo.
너는 나보다 예쁘다.

이번 시간에는 스페인어의 다양한 비교표현을 만나 보겠습니다.
아주 간단한 구문공식만 기억하면 스페인어로 마음껏 대상을 비교할 수 있습니다.
비교할 줄 알아야 더 나은 것을 찾을 수 있겠죠? 스페인어의 비교급 만드는 법은
영어와 매우 비슷합니다. 아울러 **se** 의 또 다른 주요 용법들에 대해서도 알아보겠습니다.

Practical, **Useful** and **Easy-To-Understand** Lessons!

From **basic greetings** and **expressions** to **grammar** and **conversations**!

19-1. 비교! 빨리빨리 vs 마냐나!

우리에게 '빨리빨리'가 있다면, 스페인 사람에겐 '마냐나'가 있습니다.
마냐나 **mañana** 는 '내일', '나중에'라는 뜻입니다. 이 말의 모호함은 '미래의 어느 날'까지
확장되어 사용되고 있습니다. 그래서 주문배달이나 **AS**, 심지어는 행정관청에서까지도 같은
의미로 사용됩니다. 이는 스페인 사람들의 '여유로운 삶의 철학'이 묻어난 것이기도 하지만,
상대에게 대놓고 **No** 라고 못하는 이들의 심성과도 관계가 있습니다. 부탁하는 사람의 입장을
고려한 답변인 셈이죠. 그렇긴 하지만 대한민국 사람들에겐 은근 답답한 구석이 아닐 수 없죠.

19-2. 스페인어의 비교급 3종세트!

스페인어의 비교 방식은 크게 3가지로 나눌 수 있습니다.
'내가 너보다 더 멋져.' (우등비교), '너는 나보다 덜 멋져.' (열등비교),
'너는 나만큼 멋져.' (동등비교).
스페인어의 비교급 만드는 방법은 '비교어'를 이용합니다.
비교어는 **más** (더)와 **menos** (덜)입니다. 비교어는 성수에 따른 변화가 없습니다.
비교어(**más** 또는 **menos**)와 접속사 **que** 사이에 명사/형용사/부사 등을 넣어주면
비교문이 완성됩니다.
영어의 **more ~ than, less ~ than** 과 같은 구조라고 보면 됩니다.

❶　　우등비교 :

'~보다 더 ~한'을 표현하는 우등비교법의 공식은 '동사 + **más** + 형용사/명사/부사 + **que** ~'
입니다. 비교의 대상 앞에 **que** 를 기억해주십시오!

동사 + **más** + 형용사/명사/부사 + **que** ~

(**bonito** 예쁜, **dinero {m}** 돈, **amigo {m}** 친구, **correr** 달리다, **rápido** 빨리)

Tú eres más bonita que yo.

너는 나보다 예쁘다. (형용사의 비교)

Tengo más dinero que él.

(나는) 그보다 더 많은 돈을 가지고 있습니다. (명사의 비교)

Mi amigo corre más rápido que yo.

내 친구는 나보다 더 빨리 뜁니다. (부사의 비교)

❷　　열등비교 :

'~보다 덜 ~한'을 표현하는 열등비교법의 공식은 '동사 + **menos** + 형용사/명사/부사 + **que ~**' 입니다. 문장의 의미에 따라 비교어 **más**, **menos** 와 **que** 사이에 또 다른 품사가 들어가지 않을 수도 있습니다.

동사 + **menos** + 형용사/명사/부사 + **que**

(**grande** 큰, **gastar** 소비하다, **dormir** 자다)

Corea es menos grande que España.

한국은 스페인보다 덜 큽니다.

Ella gasta menos dinero que yo.

그녀는 나보다 돈을 덜 씁니다.

Mi mamá duerme menos que yo.

우리 엄마는 나보다 잠을 덜 잡니다.

From **basic greetings** and **expressions** to **grammar** and **conversations!**

❸　동등비교 :

'~만큼 ~한'의 뜻을 가지는 동등비교를 살펴보겠습니다. **más, menos** 와는 또 다른 비교어가 사용됩니다. 동등비교구문은 '명사'를 비교할 때와 '형용사/부사'를 비교할 때에 살짝 차이가 있습니다. 명사를 비교할 때에는 **tanto/-a** 가 명사에 성수 일치되어 앞에 놓이고, 형용사/부사를 비교할 때에는 성수 변화없이 **tan** 이 앞에 놓입니다. 정리해보면 다음과 같습니다.

동사 + **tanto** + 명사 + **como**
동사 + **tan** + 형용사/부사 + **como**

(**hambre {f}** 배고픔, **alto/-a** 키가 큰, **amable** 상냥한/착한)

Tengo tanta hambre como tú.
(나는) 너만큼이나 배가 고프다.

Él es tan alto como su padre.
그는 그의 어버지만큼 키가 큽니다.

Ella es tan amable como su madre.
그녀는 그녀의 어머니만큼 상냥합니다.

19-3. 스페인어의 최상급!

비교불가 넘사벽 최상급입니다. '정관사 + 비교어'의 형태로 쓰며, 최상급 문장에서는 언제나 비교어 앞의 '정관사'를 잊으면 안됩니다. 또한 '~에서 가장 ~한'으로 범위를 제한하는 것도 중요합니다.

정관사 + **más / menos** + 형용사 + **de / en / entre** 장소
정관사 + 명사 + **más / menos** + 형용사 + **de / en / entre** 장소

(**inteligente** 총명한, **clase {f}** 학급/교실, **hotel {m}** 호텔, **viejo/-a** 낡은/오래된, **mundo {m}** 세계/세상, **ciudad {f}** 도시, **famoso/-a** 유명한)

Carlos es el más inteligente en esta clase.
까를로스는 이 교실에서 가장 총명합니다.

Este hotel es el más viejo del mundo.
이 호텔은 세계에서 가장 오래됐습니다.

Seúl es la ciudad más famosa en Corea.
서울은 대한민국에서 가장 유명한 도시입니다.

19-4. 스페인어의 모든 se

우리는 앞서 간접목적대명사 **le / les** 의 변화형 **se** 와 재귀대명사 **se** 를 만나봤습니다.
이번 시간에는 **se** 의 또다른 중요 용법을 살펴보겠습니다.

❶   수동의 se

수동태 강의에서 공부했던 수동문 '**ser** + 과거분사' 를 '**se** + 동사의 현재형'으로
만들 수 있습니다. 이때 우리말로 주어 역할을 하는 피동주어(사물)의 수에 따라서
동사는 단수/복수형으로 변화합니다.
동사의 시제에 따라 현재/과거/미래수동으로 만들 수 있습니다.

(**abrir** 열다, **puerta {f}** 문, **viento {m}** 바람, **por** ~ 의해, **vender** 팔다, **librería {f}** 서점, **libro {m}** 책)

Se abre la puerta.
(= La puerta es abierta por el viento.)
문이 열립니다. (바람에 의해 문이 열립니다.)

Practical, **Useful** and Easy-To-**Understand** Lessons!

From **basic greetings** and **expressions** to **grammar** and **conversations**!

En esta librería se venden muchos libros.
(= Muchos libros son vendidos en esta librería.)

이 서점에서는 책이 많이 팔립니다.

❷ 비인칭의 **se**

비인칭의 **se** 가 주어일 때는 일반적인 '사람들' (**la gente, el pueblo**)로 해석하면 됩니다.
의미는 여러 사람이지만 동사의 형태는 단수인 것이 특징입니다.
항상 3인칭단수 형태를 취합니다.

(**comer** 먹다, **decir** 말하다, **que** ~하는 것은 (접속사), **edificio {m}** 건물, **demasiado** 너무,
viejo/-a 오래된/낡은)

Se come mucho Kimchi en Corea.

한국에서는 사람들이 김치를 많이 먹습니다.

Se dice que este edificio es demasiado viejo.

사람들은 이 건물이 너무 낡았다고 말합니다.

❸ 상호의 **se**

se 는 '서로 ~하다'의 의미로 해석할 수 있습니다.
따라서 상호의 **se** 가 쓰이는 문장이라면 주어가 둘 이상일 것이고,
당연히 동사도 항상 복수 형태를 취하게 됩니다.

(**padres {m}** 부모님, **amar** 사랑하다, **profundamente** 깊게, **dos** 2, **mayor {m,f}** 어르신/노인,
respetar 존경하다)

Mis padres se aman profundamente.

우리 부모님은 서로 깊게 사랑합니다.

Los dos mayores se respetan.

그 두 어르신은 서로 존경합니다.

④ 강조 **se**

se 는 본래 동사의 의미를 강조할 때도 사용합니다.
se 의 강조는 더욱 더 강조되지만, 없어도 의미가 사라지는 건 아니기 때문에
꼭 써야하는 것은 아닙니다.

(**comer** 먹다, **todo/-a** 모든/전부의, **carne {f}** 고기, **ir** 가다, **repentinamente** 갑자기)

Me comí toda la carne.

나는 모든 고기를 먹어버렸다.

Él se fue repentinamente.

그가 갑자기 가버렸다.

multi Plus

Learn to understand and speak Languages quickly and easily!

246

19+.

Capítulo 19+ Multi Plus

스페인어가 든든해지는 멀티플러스!

사랑에 빠지는 데는 많은 말이 필요 없습니다.
단계별로 준비한 스페인어로 사랑만들기!
여러분의 멋진 인터내셔널 러브를 응원합니다! 아자아자!

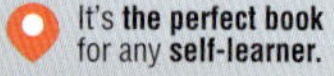
It's **the perfect book** for any **self-learner.**

Spanish

19-1+. 스페인어로 사랑만들기 제1단계 : 말걸기!

시작은 날씨 이야기입니다.
여성분이라면 자연스럽게 길을 묻거나 스페인어를 물으며 말을 걸어보는 방법도 좋겠습니다.

(**día {m}** 날, **hermoso/-a** 아름다운, **hacer** 하다, **aquí** 여기, **esperar** 기다리다, **alguien** 누군가,
decir 말하다)

¡Hola! ¿Cómo estás?
안녕! 어떻게 지내?

Hace un día hermoso.
아름다운 날씨야.

¿Qué haces aquí?
여기서 뭐 하니?

¿Esperas a alguien?
누구를 기다리니?

¿Cómo se dice 'hello' en español?
'헬로'를 스페인어로 어떻게 말해?

19-2+. 스페인어로 사랑만들기 제2단계 : 호구조사!

여러분이 알고 싶은 것이 있나면 민지 말하세요.
상대는 자연스럽게 대답으로 응대해줄 것입니다. 이때에 미소는 필수적입니다!

(llamarse 불리다, **ser de** ~ 출신이다, **estudiar** 공부하다, **trabajar** 일하다, **o** 또는, **hobby {m}** 취미)

Me llamo Carlos. ¿Y tú?
나는 까를로스야. 너는?

Soy de España.
(나는) 스페인에서 왔어.

¿De dónde eres?
(너는) 어디 출신이니?

¿Eres coreana?
한국인이니?

¿Estudias o trabajas?
학생이니 아니면 일을 하니?

¿Cuál es tu hobby?
너의 취미가 뭐니?

19-3+. 스페인어로 사랑만들기 제3단계 : 진도나가기!

(**novio/-a** 이성친구, **libre** 한가한, **esta noche** 오늘 저녁, **salir con** ~와 나가다, **cine {m}** 영화관, **conmigo** 나와 함께)

¿Tienes novio/-a?
남자/여자친구 있니?

¿Estás libre esta noche?
오늘 저녁에 한가하니?

¿Quieres salir conmigo?
나랑 데이트 할래?

¿Quieres ir al cine conmigo?
나랑 영화관 갈래?

19-4+. 스페인어로 사랑만들기 제4단계 : 기약하기!

(**encantado/-a** 반가운, **conocer** 알다, **contento/-a con** ~ ~와 함께 즐거운, **dar** 주다, **número de móvil** 휴대폰 번호, **vamos a inf.** 동사원형 합시다, **fin de semana** 주말, **hasta** ~까지, **pronto** 곧)

Muy encantado/-a por conocerte.
(너를) 알게 되어서 너무 반가워.

He estado contento/-a contigo.
너와 함께 즐거웠어.

¿Puedes darme tu número de móvil?
네 휴대폰 번호 좀 줄 수 있니?

¡Vamos a vernos este fin de semana!
이번 주말에 만나자!

Hasta pronto.
곧 만나자.

20.
Capítulo 20
스페인어의 미래와 미래완료시제!
El equipo coreano ganará el partido.
한국 팀이 경기를 이길 겁니다.

우리는 앞서 '**ir a** 동사원형'(~할 예정이다)로 미래를 표현하는 방법을 배웠습니다.
이번 시간에는 다른 동사의 도움 없이 동사의 어미변화를 통해 '미래시제'를 만들어 보겠습니다.
미래시제와 함께 미래를 추측하는 '미래완료 시제'에 대해서도 살펴보도록 하겠습니다. 끝으로
맛깔 나는 스페인어를 위한 양념, 스페인어의 '축소사와 증대사'를 함께 공부해보겠습니다.

El equipo coreano ganará el partido.
It's the perfect book for any self-learner.

 ## 20-1. 스페인 무적함대

'무적함대'(**La armada invencible**)라 부르는 스페인 축구!
마침내 **UEFA EURO 2008** 우승을 기점으로 '무관의 제왕' 딱지를 떼어버립니다.
이후 스페인 축구의 무적행진은 더 높은 목표를 설정하고, 과녁을 정조준하며 순항했습니다.
스페인 축구가 막강화력을 복원하게 된 원인은 지역감정의 극복과 감독의 융합능력,
선수 간의 친화력이 주효했습니다. 자로 잰듯한 쇼트 패스와 섬광 같은 기동력으로
현대 축구의 최상급 전술을 빚어낸 것이 바로 스페인입니다.

 ## 20-2. 스페인어의 단순미래

스페인어의 미래시제에는 두 가지가 있습니다.
현재 시점에서 미래를 바라보는 '단순미래' 시제와
과거 시점에서 미래를 바라보는 '가정미래'가 있습니다.
이번 과에서는 '단순미래' 시제를 중심으로 공부해보도록 하겠습니다.

단순미래는 만드는 법도 단순합니다. **-ar,-er,-ir** 의 어미는 변화시키지 않고
바로 뒤에 **-é / -ás / -á / -emos / -éis / -án** 만 붙여주면 됩니다.
물론 불규칙 동사는 다릅니다만.

❶   단순미래 규칙형 :

어미 바로 뒤에 각각 **-é / -ás / -á / -emos / -éis / -án** 을 붙여 줍니다!

hablar (말하다) : **hablaré hablarás hablará hablaremos hablaréis hablarán**
comer (먹다) :   **comeré comerás comerá comeremos comeréis comerán**
vivir (살다) :   **viviré vivirás vivirá viviremos viviréis vivirán**

 *Spanish*

❷   단순미래 불규칙형 :

3가지 유형으로 나뉩니다.

a) 어미 자리에 **d** 를 첨가하는 형태 일명 '드르(**dr**)형'입니다.

salir (나가다) :	saldré saldrás saldrá saldremos saldréis saldrán
poner (놓다) :	pondré pondrás pondrá pondremos pondréis pondrán
tener (가지다) :	tendré tendrás tendrá tendremos tendréis tendrán
venir (오다) :	vendré vendrás vendrá vendremos vendréis vendrán

b) 어미의 모음 **e** 가 탈락하는 형태입니다.

haber (가지다/있다) :	habré habrás habrá habremos habréis habrán
poder (할 수 있다) :	podré podrás podrá podremos podréis podrán
querer (원하다/좋아하다) :	querré querrás querrá querremos querréis querrán
saber (알다) :	sabré sabrás sabrá sabremos sabréis sabrán

c) 원형의 어근이 변화하는 형태입니다.

decir (말하다) :	diré dirás dirá diremos diréis dirán
hacer (하다/만들다) :	haré harás hará haremos haréis harán

 ## 20-3. 단순미래의 활용

그렇다면 이제는 단순미래를 어떻게 활용하는지 살펴보겠습니다.
크게 다음의 3가지 용법으로 사용합니다.

❶ 미래의 행위나 상태를 표현한다!

미래를 나타내는 시간표현들과 함께 쓰이기도 합니다.

(**nunca** 절대/결코 ~아니다, **contigo** 너와 함께, **venir** 오다, **mañana** 내일, **hijos {m,f}** 자녀,
por la mañana 아침에)

Nunca hablaré contigo.
너랑은 절대 말하지 않을 거야.

Mañana comeremos en el restaurante italiano.
내일 (우리는) 이탈리안 식당에서 식사할 것입니다.

Mis hijos vendrán por la mañana.
나의 자녀들은 아침에 올 것입니다.

❷ 실현가능성이 높은 추측을 표현한다!

(**equipo {m}** 팀, **ganar** 이기다, **partido {m}** 경기, **haber** 있다, **nadie** 아무도, **hija {f}** 딸, **tener**
가지다, **año {m}** 년/세)

El equipo coreano ganará el partido.
한국 팀이 경기를 이길 겁니다.

No habrá nadie en casa.
집에 아무도 없을 겁니다.

Su hija tendrá 20 años.
그의 딸은 20세일 겁니다.

❸　완곡한 명령을 표현한다!

(**lo** 그것을, **hacer** 하다, **ahora mismo** 지금 당장, **salir** 나가다, **llegar** 도착하다, **tarde** 늦게, **próximo/-a** 다음의)

Tú lo harás ahora mismo.

너는 지금 당장 그것을 할 것이다. ➜ 해라!

No saldrás de casa.

(너는) 집에서 나가지 않을 것이다. ➜ 나가지 마라!

No llegarás tarde a la próxima clase.

(너는) 다음 수업에 늦지 않을 것이다. ➜ 늦지 마라!

20-4. 스페인어의 미래완료

이번에는 스페인어의 '미래완료' 시제입니다.
스페인어의 '미래완료' 시제는 미래의 어느 시점을 기준으로 하여 동작 또는
상태가 이미 완료되었음을 표현합니다. 아울러 현재 어떤 동작 또는
상태가 완료되었을 것으로 추측할 때도 사용합니다.
즉 '미래완료'는 미래성과 추측성을 함께 띄는 시제입니다.

미래완료 시제를 만드는 방법은 '현재완료 시제' (**haber+p.p**)와 동일합니다.
다만 조동사인 **haber** 를 미래형으로 써주어야 합니다.
'**haber** 미래형 + 과거분사'로 정리할 수 있겠죠. 이때 '과거분사'는 성수 변화를 하지 않고요.

haber 의 미래형 : **habré habrás habrá habremos habréis habrán**

Practical, Useful and Easy-To-Understand Lessons!

(**avión {m}** 비행기, **partir** 출발하다, **ya** 이미/벌써, **jefe {m}** 상사/사장, **antes de** ~시 전에,
volver 돌아오다, **vuelto** (**volver** 동사의 과거분사))

El avión partirá para Madrid.
마드리드 행 비행기가 출발할 것입니다. (단순미래)

 **El avión ya habrá partido para Madrid.**
마드리드 행 비행기는 이미 출발했을 것입니다. (미래완료)

Mi jefe volverá antes de las 8.
나의 상사는 8시 전에 돌아올 것이다. (단순미래)

Mi jefe habrá vuelto antes de las 8.
나의 상사는 8시 전에 돌아와 있을 것이다. (미래완료)

20-5. 스페인어의 축소사와 증대사

스페인어에는 '축소사', '증대사'라는 재미있는 표현이 있습니다.
대상의 실제 크기를 줄이거나 늘이는 역할을 하기도 하고, 그 의미가 축소되기도 합니다.
알아두면 그야말로 훨씬 더 '현지인스러워지는' 표현들, 지금 소개합니다.

❶ 축소사

'축소사'는 어휘에 '축소어미'를 붙여서 '대상에 대한 애정을 담는 표현'입니다.
실제로 크기가 작은 것을 강조하기 위해 사용하기도 합니다.
축소어미로는 **-ito/-ita, -cito/-cita, -illo/-illa** (남성/여성)이 있습니다.

Juan
후안 (남자이름)

 **Juanito**
(후안을 더욱 다정하게 부르는 표현)

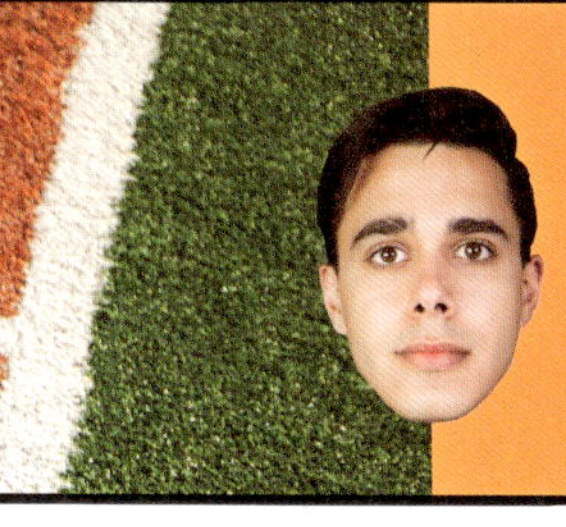

Ana ➡ **Anita**
아나 (여자이름)   (아나를 더욱 다정하게 부르는 표현)

señora ➡ **señorita**
부인   아가씨

perro ➡ **perrito**
개   강아지 (실제로 개의 크기가 작거나 동물에 애정을 담는 표현)

cuchara ➡ **cucharita**
숟가락   (티스푼과 같이 작은 것)

❷ 증대사

'증대사'는 어휘 고유의 의미를 증대시켜 대상의 의미나 실제 크기를 강조하거나,
혹은 역설적으로 대상에 대한 경멸을 담아낼 수 있는 표현입니다.
증대사 어미로는 **-ón/-ona** 가 있습니다.

silla ➡ **sillón**
의자   (상대적으로 크기가 큰 의자)

cuchara ➡ **cucharón**
숟가락   국자

panza ➡ **panzón**
배/복부   (살이 찐 배)

soltero ➡ **solterón**
독신남   노총각

soltera ➡ **solterona**
독신녀   노처녀

multi plus

Learn to understand and speak Languages quickly and easily

20+.
Capítulo 20+ Multi Plus
스페인어가 든든해지는 멀티플러스!

마침내 여러분의 스페인어가 현지로 떠납니다. 여행의 첫 관문! 공항통관!
여행자를 위한 공항용 필수단어와 회화를 살펴보겠습니다.

20-1+. 스페인어 공항 관련 단어 **top 10.**

여러분이 스페인 공항에 들어서는 순간 마주치게 될 공항(**aeropuerto**) 관련 단어 **top 10**을 소개합니다.

el avión 비행기	**la puerta de embarque** 탑승구
el pasaporte 여권	**el piloto** 파일럿
la azafata (de vuelo) 승무원	**la cinta de equipajes** 컨베이어 벨트
la pista de despegue 이륙장	**la pista de aterrizaje** 착륙장
la tarjeta de embarque 수하물택	**la aduana** 세관

20-2+. 스페인 공항 수속 밟기!

항공사 카운터에서 탑승수속 직전에 필요한 표현들을 정리했습니다.

(**viajar** 여행하다, **electrónico/-a** 전자의, **registrar** 등록하다, **equipaje** 수하물, **de mano** 손으로)

¿Adónde viaja?
어디로 여행가십니까?

¿Tiene ticket electrónico?
전자티켓을 가지고 계십니까?

¿Quiere registrar su equipaje?
짐을 부치길 원하십니까?

¿Tiene equipaje de mano?

(기내용) 손가방을 가지고 계십니까?

20-3+. 스페인 입국심사!

누구도 피해갈 수 없는 여행회화가 바로 입국심사입니다.
스페인 사람과 나누는 최초의 공식적인 대화인 셈이죠.
스페인은 비자면제협정에 따라 무비자 90일 체류가 가능합니다.
입국심사 또한 까다롭지 않습니다.
귀국용 항공권을 여권과 함께 제시하면 입국심사는 한결 간단해집니다.

(**pasaporte {m}** 여권, **objeto {m}** 목적, **visita {f}** 방문, **turismo {m}** 여행, **negocios {m}** 사업,
quedarse 머무르다, **semana {f}** 주, **hotel {m}** 호텔)

Su pasaporte, por favor.

당신의 여권을 보여주시겠습니까?

Aquí está.

여기 있습니다.

¿Cuál es el objeto de su visita?

당신의 방문 목적은 무엇입니까?

Turismo.

관광입니다.

Negocios.

비즈니스입니다.

¿Cuánto tiempo va a quedarse en España?

스페인에 얼마동안 머무를 예정입니까?

2 semanas.

2주요.

¿Dónde está su hotel?

당신의 호텔은 어디입니까?

20-4+. 스페인 공항세관원과의 대화!

신고할 물품이 없는 여행객은 수하물 검사 면제입니다.

(**algo** 무언가, **declarar** 신고하다, **abrir** 열다, **maleta {f}** 가방, **regalo {m}** 선물)

¿Tiene algo que declarar?

신고하실 것이 있습니까?

No, no tengo nada.

아니오, 아무것도 없습니다.

¿Puede abrir la maleta?

가방 좀 열어주시겠습니까?

¿Qué son estos?

이것들은 무엇입니까?

Son regalos para mis amigos.

제 친구들을 위한 선물입니다.

자, 드디어 스페인 입성! 이제 여러분의 스페인을 만나고 만들어 보십시오~!
스페인은 여러분을 오랫동안 기다려 왔습니다.

생활회화, 여행회화 능력
강화를 위한 해결책 (부록)

청취력, 회화능력 강화를 위해
MP3용 스크립트를 준비했습니다.

본문에 소개된 문장을 선별하여 정리하였으며,
학습자 편의와 손쉽고 빠른 검색을 위해
모든 문장은 일련번호로 정리했습니다.

Practical, Useful and
Easy-To-Understand Lessons!

01.
Capítulo 01
대박 반갑다, 스페인어 알파벳!
Alfabetos
알파벳

01-00 **Alfabetos**

A a	B b	C c
D d	E e	F f
G g	H h	I i
J j	K k	L l
M m	N n	Ñ ñ
O o	P p	Q q
R r	S s	T t
U u	V v	W w
X x	Y y	Z z

01-01 **abuelo**
할아버지

01-02 **amigo**
친구

01-03 **eco**
메아리

01-04 **enero**
1월

01-05 **igual**
같은

01-06 **interesante**
흥미로운

01-07 **oficina**
사무실

01-08 **oro**
황금

01-09 **uno**
1

01-10 **uva**
포도

01-11 **yate**
요트

01-12 **yo**
나

01-13 **bailar**
춤추다

01-14 **dinero**
돈

01-15 **falda**
치마

01-16 **mamá**
엄마

01-17 **nombre**
이름

01-18 **sol**
태양

01-19 **verano**
여름

01-20 **examen**
시험

01-21 **pan**
빵

01-22 **turista**
관광객

01-23 **libro**
책

01-24 **lluvia**
비

01-25 **río**
강

01-26 **ferrocarril**
철도

01-27 **zapato**
신발

01-28 **zorro**
여우

01-29 **huevo**
달걀

01-30 **hermano**
형제

01-31 **Kuwait**
쿠웨이트

01-32 **whisky**
위스키

01-33 **casa**
집

01-34 **cena**
저녁식사

01-35 **guante**
장갑

01-36 **gente**
사람들

01-37 **guerra**
전쟁

01-38 **pingüino**
펭귄

01-39 **joven**
청년

01-40 **señora**
부인

01-41 **queso**
치즈

01-42 **quizá**
아마

01+.
Capítulo 01+ Multi Plus
스페인을 아시나요?

02.
Capítulo 02
스페인어 발음 완전정복!
Gracias.
감사합니다.

02-11	**pa-pel** 종이	02-12	**or-de-na-dor** 컴퓨터
02-13	**u-ni-ver-si-dad** 대학교	02-14	**fe-liz** 행복한
02-15	**cor-ba-ta** 넥타이	02-16	**i-ma-gen** 이미지
02-17	**lu-nes** 월요일	02-18	**fal-da** 치마
02-19	**pa-e-lla** 빠에야	02-20	**pia-no** 피아노
02-21	**rui-nas** 유적	02-22	**ta-re-a** 과제/일
02-23	**a-zú-car** 설탕	02-24	**co-ra-zón** 심장
02-25	**mú-si-ca** 음악	02-26	**ár-bol** 나무

02-27
Una hermosa tarde de junio,
Alicia y su hermana mayor,
Ana, salieron a pasear por un lago cercano.

Allí comenzó a leer en voz alta una lección
de historia.
Aquello aburría bastante a Alicia,
que era una niña llena
de imaginación.

Muy pronto se distrajo de la lección jugando
con Dina,
su pequeña gatita que le acompañaba siempre
a todas partes.

Lewis Carroll
<Alicia en el país de las maravillas>

The quickest way for slow learners!

02+.
Capítulo 02+ Multi Plus
인사표현으로 완성하는 스페인어 발음법!

02+01 **¿Hola?**
안녕?

02+02 **¿Qué tal?**
안녕? / 안녕하세요?

02+03 **¿Cómo está?**
안녕하세요? (존대어)

02+04 **Buenos días.**
안녕하세요! (아침)

02+05 **Buenas tardes.**
안녕하세요! (낮, 오후)

02+06 **Buenas noches.**
안녕하세요! (해가 진 다음)

02+07 **¡Adiós!**
안녕!

02+08 **¡Chao!**
안녕!

02+09 **¡Hasta la vista!**
또 볼 때까지 안녕!

02+10 **Gracias.**
감사합니다.

02+11 **Muchas gracias.**
대단히 감사합니다.

02+12 **De nada.**
천만에요.

02+13 **Perdón.**
미안합니다. / 죄송합니다.

02+14 **Perdóneme.**
죄송합니다. (존대어)

02+15 **Está bien.**
괜찮습니다.

02+16 **Por favor.**
부탁합니다.

02+17 **Con permiso.**
실례합니다.

03.
Capítulo 03
진짜 초보 학습자를 위한 '친절한 스페인어 오리엔테이션'
(Yo) Aprendo español.
나는 스페인어를 배웁니다.

03-01 **(Yo) Soy coreano / coreana.**
나는 한국 남자/여자입니다.

03-02 **(Yo) Aprendo español.**
나는 스페인어를 배웁니다.

03-03 **Ella vive en la casa bonita.**
그녀는 ㄱ 예쁜 집에서 삽니다.

03-04 **(Yo) Puedo hablar español.**
나는 스페인어를 말할 수 있습니다.

03+.
Capítulo 03+ Multi Plus
스페인어 여행 준비 0순위는 '숫자읽기'다!

03+01	**uno**	1	03+02	**dos**	2
03+03	**tres**	3	03+04	**cuatro**	4
03+05	**cinco**	5	03+06	**seis**	6
03+07	**siete**	7	03+08	**ocho**	8
03+09	**nueve**	9	03+10	**diez**	10
03+11	**once**	11	03+12	**doce**	12
03+13	**trece**	13	03+14	**catorce**	14
03+15	**quince**	15			

03+16	**dieciséis**	16
03+17	**diecisiete**	17
03+18	**dieciocho**	18
03+19	**diecinueve**	19
03+20	**veinte**	20
03+21	**veintiuno**	21
03+22	**veintidós**	22
03+23	**veintitrés**	23
03+24	**veinticuatro**	24
03+25	**veinticinco**	25
03+26	**veintiséis**	26
03+27	**veintisiete**	27
03+28	**veintiocho**	28
03+29	**veintinueve**	29

03+30	**treinta**	30
03+31	**cuarenta**	40
03+32	**cincuenta**	50
03+33	**sesenta**	60
03+34	**setenta**	70
03+35	**ochenta**	80
03+36	**noventa**	90

03+37	**treinta y uno**	31
03+38	**treinta y dos**	32
03+39	**treinta y tres**	33

03+40	**cuarenta y uno**	41
03+41	**cuarenta y dos**	42
03+42	**cincuenta y ocho**	58
03+43	**sesenta y cuatro**	64
03+44	**setenta y seis**	76
03+45	**ochenta y cinco**	85
03+46	**noventa y nueve**	99

03+47	**cien**	100
03+48	**doscientos**	200
03+49	**trescientos**	300
03+50	**cuatrocientos**	400
03+51	**quinientos**	500
03+52	**seiscientos**	600
03+53	**setecientos**	700
03+54	**ochocientos**	800
03+55	**novecientos**	900
03+56	**mil**	1,000
03+57	**diez mil**	10,000
03+58	**cien mil**	100,000
03+59	**un millón**	1,000,000
03+60	**diez millones**	10,000,000
03+61	**cien millones**	100,000,000
03+62	**mil millones**	1,000,000,000

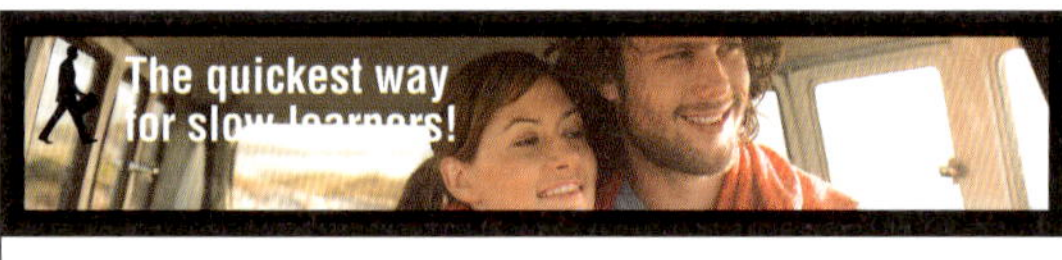

04.
Capítulo 04
스페인어 명사 & 관사, 레알 독특하다!
El hombre y la mujer
남자 그리고 여자

04-01   **el hombre**
남자

04-02   **la mujer**
여자

04-03   **el toro**
수소

04-04   **la vaca**
암소

04-05   **el metro**
지하철

04-06   **la cama**
침대

04-07   **el palacio**
궁전

04-08   **la montaña**
산

04-09   **el sol**
태양

04-10   **la universidad**
대학교

04-11   **la canción**
노래

04-12   **la costumbre**
풍습

04-13   **el artista**
예술가 (남자)

04-14   **la artista**
예술가 (여자)

04-15   **el cantante**
가수 (남자)

04-16   **la cantante**
가수 (여자)

04-17   **el abuelo**
할아버지

04-18   **la abuela**
할머니

04-19	**el profesor** 남자 교수		04-35	**el joven** 젊은이
04-20	**la profesora** 여자 교수		04-36	**los jóvenes** 젊은이들
04-21	**el actor** 남자 배우		04-37	**el lunes** 월요일
04-22	**la actriz** 여자 배우		04-38	**los lunes** 월요일들
04-23	**el príncipe** 왕자		04-39	**el paraguas** 우산
04-24	**la princesa** 공주		04-40	**los paraguas** 우산들
04-25	**el día** 하루		04-41	**las gafas** 안경
04-26	**los días** 날들		04-42	**las vacaciones** 휴가
04-27	**el hombre** 남자		04-43	**el frac** 연미복
04-28	**los hombres** 남자들		04-44	**los fraques** 연미복들
04-29	**el profesor** 교수		04-45	**la voz** 목소리
04-30	**los profesores** 교수들		04-46	**las voces** 목소리들
04-31	**la ciudad** 도시		04-47	**el libro** 그 책
04-32	**las ciudades** 도시들		04-48	**los libros** 그 책들
04-33	**la estación** 역		04-49	**un libro** 한 권의 책
04-34	**las estaciones** 역들		04-50	**unos libros** 몇 권의 책들

 Practical, Useful and Easy-To-Understand Lessons!

04-51	**la biblioteca**	그 도서관
04-52	**las bibliotecas**	그 도서관들
04-53	**una biblioteca**	하나의 도서관
04-54	**unas bibliotecas**	몇 몇의 도서관들

04+.
Capítulo 04+ Multi Plus
스페인어 명사와 좀 더 친해지기!

04+01	**Yo soy ingeniero.**	나는 엔지니어입니다.
04+02	**Ella es actriz.**	그녀는 여배우입니다.
04+03	**Sí.**	네/응.
04+04	**No.**	아니오/아니야.
04+05	**Claro.**	옳지/맞아.
04+06	**Falso.**	틀렸어.

The quickest way for slow learners!

05.
Capítulo 05
스페인어 형용사는 후치다!
Las camisas blancas
그 흰색 셔츠들

05-01	**un libro blanco**	하나의 흰색 책
05-02	**unos libros blancos**	흰색 책들
05-03	**el libro blanco**	그 흰색 책
05-04	**los libros blancos**	그 흰색 책들
05-05	**una camisa blanca**	하나의 흰색 셔츠
05-06	**unas camisas blancas**	흰색 셔츠들
05-07	**la camisa blanca**	그 흰색 셔츠
05-08	**las camisas blancas**	그 흰색 셔츠들
05-09	**un libro grande**	하나의 큰 책
05-10	**unos libros grandes**	큰 책들
05-11	**el libro grande**	그 큰 책
05-12	**los libros grandes**	그 큰 책들

05-13	**una camisa grande** 하나의 큰 셔츠		05-28	**algún lugar** 어느 곳
05-14	**unas camisas grandes** 큰 셔츠들		05-29	**grande** 큰/위대한
05-15	**la camisa grande** 그 큰 셔츠		05-30	**gran historia** 위대한 역사
05-16	**las camisas grandes** 그 큰 셔츠들		05-31	**una mujer pobre** 가난한 여인
05-17	**un barco antiguo** 하나의 낡은 배		05-32	**una pobre mujer** 가엾은 여인
05-18	**una noche tranquila** 고요한 어느 밤		05-33	**un hombre grande** 큰 남자
05-19	**los productos coreanos** 한국 제품들		05-34	**un gran hombre** 위대한 남자
05-20	**las flores bonitas** 예쁜 꽃들		05-35	**una casa nueva** 새로 지은 집
05-21	**blanca nieve** 하얀 눈		05-36	**una nueva casa** 새로 이사 간 집
05-22	**dulce miel** 달콤한 꿀		05-37	**este teléfono** 이 전화기
05-23	**uno** 하나의		05-38	**estos teléfonos** 이 전화기들
05-24	**un libro** 한 권의 책		05-39	**esta falda** 이 치마
05-25	**primero** 첫째의		05-40	**estas faldas** 이 치마들
05-26	**primer día** 첫째 날		05-41	**ese árbol** 그 나무
05-27	**alguno** 어떤/어느		05-42	**esos árboles** 그 나무들
			05-43	**esa manzana** 그 사과

Practical, Useful and Easy-To-Understand Lessons!

05-44 **esas manzanas**
그 사과들

05-45 **aquel reloj**
저 시계

05-46 **aquellos relojes**
저 시계들

05-47 **aquella tienda**
저 상점

05-48 **aquellas tiendas**
저 상점들

05-49 **este teléfono antiguo**
이 낡은 전화기

05-50 **estas faldas cortas**
이 짧은 치마들

05-51 **ese árbol alto**
그 키 큰 나무

05-52 **esas manzanas frescas**
그 싱싱한 사과들

05-53 **aquella tienda lujosa**
저 호화로운 상점

05-54 **aquellos relojes preciosos**
저 소중한 시계들

05+.
Capítulo 05+ Multi Plus
스페인어 형용사와 좀 더 친해지기!

05+01 **Clara es activa.**
끌라라는 활발합니다.

05+02 **Clara y Julia son tímidas.**
끌라라와 훌리아는 소심합니다.

05+03 **Juan es gracioso.**
후안은 유머러스합니다.

05+04 **Juan y Ana son graciosos.**
후안과 아나는 유머러스합니다.

05+05 **¡Buena idea!**
좋은 생각이야!

05+06 **¡Buena suerte!**
행운을 빌어!

05+07 **¡Buen viaje!**
좋은 여행 되시기를!

05+08 **¡Buen provecho!**
맛있게 드세요!

05+09 **¡Felicidades!**
축하해!

05+10 **¡Muchas Felicidades!**
많이 축하해!

05+11 **¡Salud!**
건배!

05+12 **¡Chin Chin!**
건배!

05+13 **¡Ayuda!**
도와주세요!

06+09	**¿Dónde está el baño?** 화장실이 어디예요?		07-07	**María está bien.** 마리아는 잘 있다.

06+09 **¿Dónde está el baño?**
화장실이 어디예요?

06+10 **Está en la habitación.**
방 안에 있습니다.

06+11 **Está al lado de la habitación.**
방 옆에 있습니다.

06+12 **Está a la derecha de la habitación.**
방 오른쪽에 있습니다.

06+13 **Está a la izquierda de la habitación.**
방 왼쪽에 있습니다.

The quickest way for slow learners!

07.
Capítulo 07
스페인어 의문문과 규칙변화동사 **-ar / -er / -ir**
¿Eres español?
너는 스페인 사람이니?

07-01 **Tú eres español.**
너는 스페인 사람이다.

07-02 **¿Tú eres español?**
너는 스페인 사람이니?

07-03 **María está bien.**
마리아는 잘 있다.

07-04 **¿María está bien?**
마리아는 잘 있니?

07-05 **Tú eres español.**
너는 스페인 사람이다.

07-06 **¿Eres tú español?**
너는 스페인 사람이니?

07-07 **María está bien.**
마리아는 잘 있다.

07-08 **¿Está bien María?**
마리아는 잘 있니?

07-09 **(Tú) Eres español.**
(너는) 스페인 사람이다.

07-10 **¿(Tú) Eres español?**
(너는) 스페인 사람이니?

07-11 **¿Eres (tú) español?**
(너는) 스페인 사람이니?

07-12 **¿De dónde eres (tú)?**
(너는) 어디 사람이니?

07-13 **¿Cómo está María?**
마리아는 어떻게 지내니?

07-14 **¿De dónde eres?**
(너는) 어디에서 왔니?

07-15 **Soy de Madrid.**
(나는) 마드리드에서 왔어.

07-16 **¿Cómo está María?**
마리아는 어떤가요?

07-17 **Ella está enferma.**
그녀는 아픕니다.

07-18 **¿Eres español?**
(너는) 스페인 사람이니?

07-19 **Sí, soy español.**
응, 스페인 사람이야.

07-20 **¿Eres español?**
(너는) 스페인 사람이니?

07-21 **No, no soy español.**
아니, (나는) 스페인 사람이 아니야.

07-22 El profesor habla bien el coreano.
교수님은 한국어를 잘 하십니다.

07-23 ¿Dónde estudian los niños?
아이들은 어디에서 공부합니까?

07-24 Estudian en la escuela.
(아이들은) 학교에서 공부합니다.

07-25 Yo como carne y tú comes frutas.
나는 고기를 먹고 너는 과일을 먹는다.

07-26 ¿Qué aprendéis en la universidad?
(너희들은) 대학에서 무엇을 배우니?

07-27 Aprendemos filosofía en la universidad.
(우리는) 대학에서 철학을 배웁니다.

07-28 ¿Dónde vives?
(너는) 어디 사니?

07-29 Vivo en Seúl.
(나는) 서울에 삽니다.

07-30 Abrimos las ventanas.
(우리는) 창문을 엽니다.

07+.
Capítulo 07+ Multi Plus
스페인어가 든든해지는 멀티플러스!

07+01 Aprendo mucho español.
(나는) 스페인어를 열심히 배웁니다.

07+02 ¿Estudiáis mucho?
(너희들은) 열심히 공부하니?

07+03 Sí, estudiamos mucho.
네, (우리들은) 열심히 공부합니다.

07+04 Los estudiantes estudian demasiado.
학생들이 지나치게 공부합니다.

07+05 No aprendo mucho.
(나는) 열심히 배우지 않습니다.

07+06 No estudiamos nada.
(우리들은) 아무것도 공부하지 않습니다.

07+07 No estudian nunca.
(= Nunca estudian.)
(그들은) 절대 공부하지 않습니다.

07+08 ¿Toma ud. un café?
당신은 커피를 마시겠습니까?

07+09 Tomo mucho helado.
(나는) 아이스크림을 많이 먹습니다.

07+10 Tomamos el metro.
(우리들은) 지하철을 탑니다.

07+11 Toman una decisión importante.
(그들은) 중요한 결정을 내립니다.

07+12 No tomamos fotos en el museo.
(우리들은) 박물관에서 사진을 찍지 않습니다.

07+13 ¿De verdad?
정말?

07+14 ¿En serio?
진심이야?

07+15 ¡No me lo creo!
믿을 수 없어/못 믿겠는데.

07+16 ¿Seguro?
확실해?

07+17 Por supuesto.
물론이지.

 Practical, Useful and Easy-To-Understand Lessons!

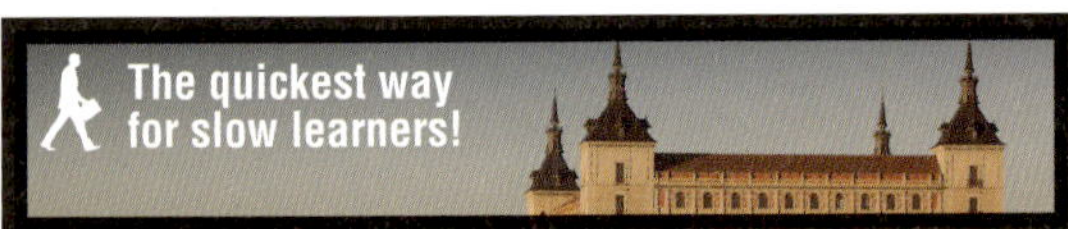

08.
Capítulo 08
스페인어의 소유격인칭대명사와 목적격인칭대명사!
Mi novio me regala una rosa.
내 남자 친구는 나에게 장미 한 송이를 선물합니다.

08-01 **¿De quién es ese coche?**
그 차는 누구의 차입니까?

08-02 **Es su coche.**
그의 차입니다.

08-03 **Es el coche del señor Kim.**
김씨의 차입니다.

08-04 **¡Dios mío!**
오 마이 갓!

08-05 **¡Madre mía!**
엄마야!

08-06 **¿De quién es ese coche?**
그 차는 누구의 차입니까?

08-07 **Es mío.**
내 것입니다.

08-08 **Te amo.**
너를 사랑해.

08-09 **Él me ayuda siempre.**
그는 언제나 나를 돕습니다.

08-10 **Mi novio me regala una rosa.**
내 남자 친구는 나에게 장미 한 송이를 선물합니다.

08-11 **El profesor nos explica la gramática.**
교수님이 우리에게 문법을 설명합니다.

08-12 **Carmen me presta su diccionario.**
까르멘이 나에게 그녀의 사전을 빌려줍니다.

08-13 **Carmen me lo presta.**
까르멘이 나에게 그것(사전)을 빌려줍니다.

08-14 **Ella te da un regalo.**
그녀가 너에게 선물을 준다.

08-15 **Ella te lo da.**
그녀가 너에게 그것(선물)을 준다.

08-16 **Juan le regala un anillo a ella.**
후안이 그녀에게 반지를 선물한다.

08-17 **Juan se lo regala.**
후안이 그녀에게 그것을 선물한다.

08-18 **Mi papá da los juguetes a los niños.**
나의 아빠가 아이들에게 장난감들을 주신다.

08-19 **Mi papá se los da.**
나의 아빠가 그들에게 그것들을 주신다.

08+.
Capítulo 08+ Multi Plus
스페인어가 든든해지는 멀티플러스!

08+01 **¿Conoces a aquella chica?**
(너) 저 아가씨 아니?

08+02 **No, no la conozco.**
아니, (난) 그녀를 몰라.

08+03 **Ella es mi novia. Te la presento.**
그녀는 내 여자 친구야.
너에게 그녀를 소개해줄게.

Practical, **Useful** and
Easy-To-Understand Lessons!

08+04   Laura, te presento a mi amigo Ale.
라우라, 너에게 내 친구 알레를 소개할게.

08+05   Encantada, Ale.
반가워요, 알레.

08+06   El menú, por favor.
메뉴판 좀 주세요.

08+07   Un café con leche, por favor.
카페라테 한 잔 주세요.

08+08   El parque Güell, por favor.
구엘 공원으로 가주세요.

08+09   La estación de tren, por favor.
기차역으로 가주세요.

08+10   Dos entradas, por favor.
입장권 2장 주세요.

08+11   Un kilo de manzanas, por favor.
사과 1킬로 주세요.

08+12   Primera clase
퍼스트 클래스 (비행기 좌석 등급)

08+13   Estamos en el segundo piso.
(우리들은) 2층에 있습니다.

**09.
Capítulo 09**
스페인어 회화능력 폭발, 불규칙동사 1.
Hay unos alumnos en la clase.
교실에 몇몇의 학생들이 있습니다.

09-01   Voy al cine con mis hermanos.
(나는) 나의 형제들과 영화관에 갑니다.

09-02   Vas a la universidad los sábados.
(너는) 토요일마다 대학교에 간다.

09-03   Los chicos van a ir a la playa.
소년들은 해변에 가려고 합니다.

09-04   Voy a cenar en un restaurante chino.
(나는) 중국식당에서 저녁식사를 하려고 합니다.

09-05   Tengo dos hermanos.
(나는) 형제가 둘 있습니다.

09-06   El profesor tiene una mesa grande.
교수님은 큰 책상을 하나 가지고 있습니다.

09-07   Tengo que regresar a la oficina.
(나는) 사무실로 돌아가야 합니다.

09-08   Tienes que preparar las respuestas.
(너는) 답변들을 준비해야 해.

09-09   Tengo frío.
(나는) 춥습니다.

09-10   No tenemos calor.
(우리는) 덥지 않습니다.

09-11   ¿Tenéis hambre?
(너희들) 배고프니?

09-12   Hay unos alumnos (en la clase).
(교실에) 몇몇 학생들이 있습니다.

09-13   (En el parque) Hay muchos árboles.
(공원에) 나무들이 많이 있습니다.

09-14   No hay nadie (en casa).
(집에) 아무도 없습니다.

09-15   Hay una mascota en mi casa.
나의 집에는 한 마리의 애완동물이 있습니다.

09-16   En España hay muchos turistas.
스페인에는 관광객들이 많이 있습니다.

 Practical, Useful and Easy-To-Understand Lessons!

09-17 **España está en Europa.**
스페인은 유럽에 있습니다.

09-18 **Los turistas están delante del hotel.**
관광객들이 호텔 앞에 있습니다.

09+.
Capítulo 09+ Multi Plus
스페인어가 든든해지는 멀티플러스!

09+01 **¿Vienes de Corea?**
(너) 한국에서 왔니?

09+02 **Sí, vengo de Corea.**
응, (나는) 한국에서 왔어.

09+03 **El avión sale a las 3.**
비행기가 3시에 출발합니다.

09+04 **Mi hermana no sale de casa.**
나의 언니는 집에서 나가지 않습니다.

09+05 **El avión llega a las 3.**
비행기가 3시에 도착합니다.

09+06 **Yo llego a tiempo a la escuela.**
나는 학교에 제시간에 도착합니다.

09+07 **¿Vuelves pronto a casa?**
집에 곧 돌아올 거니?

09+08 **Él vuelve del país extranjero.**
그가 외국에서 돌아온다.

09+09 **¿Quién es ella?**
그녀는 누구니?

09+10 **Ella es mi prima.**
그녀는 내 사촌이야.

09+11 **¿Cuándo vas a España?**
(너) 스페인에 언제 가니?

09+12 **Voy a España el próximo mes.**
(나는) 다음 달에 스페인에 가.

09+13 **¿Dónde vives?**
(너) 어디 사니?

09+14 **Vivo en Las Palmas.**
(나는) 라스 팔마스에 살아.

09+15 **¿Qué es eso?**
그것은 무엇이니?

09+16 **Esto es un coche.**
이것은 자동차야.

09+17 **¿Cómo es tu mamá?**
너희 어머니는 어떠시니? (묘사)

09+18 **Mi mamá es alta.**
우리 엄마는 키가 크셔.

09+19 **¿Por qué no vienes a la clase?**
(너) 왜 수업에 안 오니?

09+20 **Estoy enfermo.**
(나는) 아픈 상태야.

10.
Capítulo 10
스페인어의 불규칙동사 2.
Entendemos español.
(우리는) 스페인어를 압니다.

10-01 **¿Piensas en tu familia?**
(너는) 너의 가족을 생각하니?

10-02 **¿Me recomiendas un vino francés?**
나에게 프랑스 와인 한 병을 추천해줄래?

10-03 **Nosotros entendemos español.**
우리는 스페인어를 압니다.

10-04 **Adquiero un coche de segunda mano.**
(나는) 중고차 한 대를 구입합니다.

10-05 **El policía inquiere la causa del accidente.**
경찰이 사고의 원인을 조사합니다.

10-06 **Ella me cuenta una historia.**
그녀가 나에게 이야기 하나를 해줍니다.

10-07 **Me muestran unas fotos.**
(그들이) 나에게 사진 몇 장을 보여줍니다.

10-08 **Los bebés duermen todo el día.**
아기들은 하루 종일 잡니다.

10-09 **Los niños juegan al fútbol.**
아이들이 축구를 합니다.

10-10 **Él y yo jugamos a las cartas.**
그와 나는 카드놀이를 합니다.

10-11 **Esta máquina no sirve para nada.**
이 기계는 아무짝에도 쓸모가 없습니다.

10-12 **Los alumnos repiten las palabras.**
학생들은 단어를 반복합니다.

10-13 **Vengo de Chile.**
(나는) 칠레에서 왔습니다.

10-14 **Pongo la carta sobre la mesa.**
(나는) 편지를 책상 위에 놓습니다.

10-15 **El tren sale a las seis.**
기차는 6시에 떠납니다.

10-16 **Él nunca dice la verdad.**
그는 결코 진실을 말하지 않습니다.

10-17 **Hablo inglés.**
(나는) 영어를 합니다.

10-18 **Las señoras hablan mucho.**
아주머니들은 말이 많습니다.

10-19 **Dice la verdad.**
(그는/그녀는) 진실을 말합니다.

10-20 **Ella dice algo.**
그녀는 뭔가를 말합니다.

The quickest way for slow learners!

10+.
Capítulo 10+ Multi Plus
스페인어가 든든해지는 멀티플러스!

10+01 **¿Qué hora es (ahora)?**
(지금) 몇 시입니까?

10+02 **Es la una.**
1시입니다.

10+03 **Son las dos.**
2시입니다.

10+04 **Son las tres.**
3시입니다.

10+05 **Son las seis y diez.**
6시 10분입니다.

10+06 **Son las siete y cuarto.**
7시 15분입니다.

10+07 **Son las ocho y media.**
8시 30분입니다. (8시 반입니다.)

10+08 **Son las once menos cinco.**
11시 5분 전입니다.

10+09 **Son las doce menos diez.** 12시 10분 전입니다.	**11-02** **No podemos aparcar el coche aquí.** (우리는) 여기에 차를 세울 수 없습니다.

10+09 **Son las doce menos diez.**
12시 10분 전입니다.

10+10 **¿A qué hora empieza la clase de inglés?**
몇 시에 영어수업이 시작합니까?

10+11 **Empieza a las 3.**
3시에 시작합니다.

10+12 **Y ¿A qué hora termina?**
그러면 몇 시에 끝납니까?

10+13 **Termina a las 5 y media.**
5시 반에 끝납니다.

10+14 **¡Bueno!**
좋아!

10+15 **¡Genial!**
대단해요!

10+16 **¡Maravilloso!**
놀라워요!

10+17 **¡Fantástico!**
환상적이예요!

10+18 **¡Perfecto!**
완벽해요!

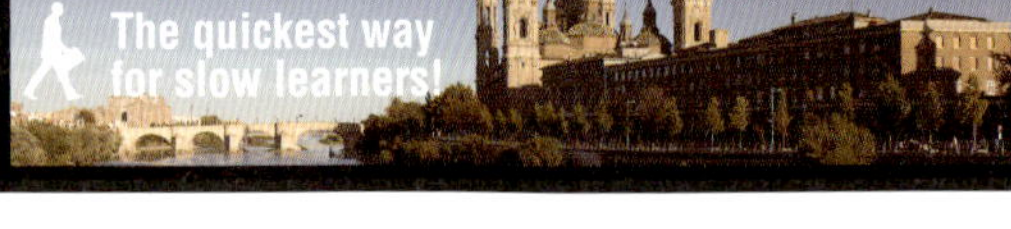

11.
Capítulo 11
스페인어 회화능력 폭발, 동사구와 날씨표현!
¿Puedes ayudarme?
(나) 좀 도와줄 수 있니?

11-01 **Yo puedo realizar ese plan.**
나는 그 계획을 실현할 수 있습니다.

11-02 **No podemos aparcar el coche aquí.**
(우리는) 여기에 차를 세울 수 없습니다.

11-03 **¿Puedes ayudarme?**
나를 좀 도와줄 수 있니?

11-04 **¿Quieres comer pan o arroz?**
(너는) 빵을 먹고 싶니 밥을 먹고 싶니?

11-05 **Quiero ir a España y América Latina.**
(나는) 스페인과 라틴아메리카에 가고 싶습니다.

11-06 **Ese muchacho quiere ser futbolista.**
그 소년은 축구선수가 되고 싶어 합니다.

11-07 **Debemos llegar a la estación a tiempo.**
(우리는) 역에 정시에 도착해야 합니다.

11-08 **Vosotros debéis presentar la tarea hasta el viernes.**
너희들은 금요일까지 과제를 제출해야 한다.

11-09 **Ellas deben regresar a casa hasta las 11.**
그녀들은 11시까지 집에 돌아가야 합니다.

11-10 **¿Qué tiempo hace hoy?**
오늘 날씨 어때요?

11-11 **Hace sol en Seúl.**
서울은 해가 쨍쨍합니다.

11-12 **Hace viento en la Isla Jeju.**
제주도에는 바람이 붑니다.

11-13 **En Londres llueve mucho.**
런던에는 비가 많이 옵니다.

11-14 **En verano nunca nieva.**
여름에는 결코 눈이 오지 않습니다.

 Practical, Useful and Easy-To-Understand Lessons!

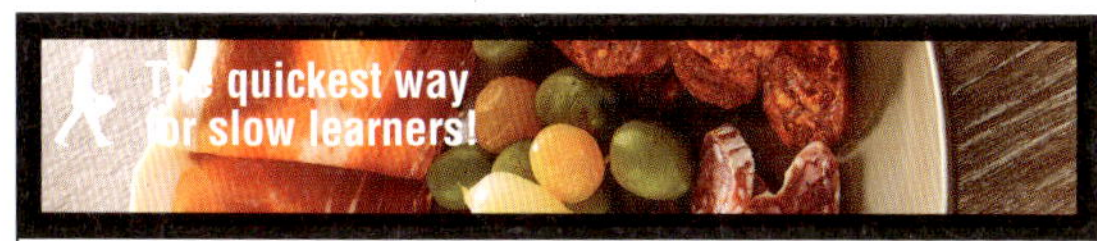

11+.
Capítulo 11+ Multi Plus
스페인어가 든든해지는 멀티플러스!

11+01 **¿Qué quiere Ud.?**
무엇을 원하십니까?

11+02 **Quiero un plato de pescado.**
생선 요리를 원합니다.

11+03 **¿Quiere pedir algo para beber?**
마실 것을 주문하시겠습니까?

11+04 **Quiero una cerveza fría.**
시원한 맥주 한 잔을 원합니다.

11+05 **La carta, por favor.**
메뉴판 주세요.

11+06 **¿Puede recomendarme un menú?**
메뉴 하나 추천해주시겠습니까?

11+07 **Quiero un bistec con patatas fritas. Y agua mineral, por favor.**
감자튀김을 곁들인 스테이크를 원합니다.
그리고 탄산수 주세요.

11+08 **No quiero postre.**
디저트는 원하지 않습니다.

11+09 **¡Buen provecho!**
맛있게 드세요!

11+10 **¡Está muy rico!**
아주 맛있네요!

11+11 **La carne está cruda.**
고기가 덜 익었네요.

11+12 **¿Puede cocinar un poco más la carne?**
고기를 조금 더 익혀주실 수 있나요?

11+13 **La cuenta, por favor.**
계산서 주세요.

11+14 **¿Cuánto es?**
얼마죠?

11+15 **¿Puedo pagar con tarjeta?**
카드로 결제할 수 있나요?

11+16 **Queremos pagar separadamente.**
(우리는) 각자 계산하길 원합니다.

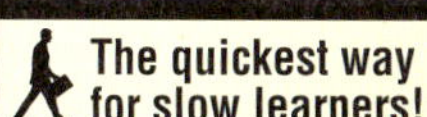

12.
Capítulo 12
스페인어 기타 불규칙동사와 독특한 구조의 동사들!
Yo sé tocar el piano.
나는 피아노를 칠 줄 압니다.

12-01 **¿Conoces este lugar?**
이곳을 아니? (이곳에 와본 적이 있니?)

12-02 **Él conduce un camión.**
그는 트럭을 운전합니다.

12-03 **En Corea, producen muchos coches.**
한국에서는 자동차를 많이 생산합니다.

12-04 **No sé porqué.**
왜 그런지 모르겠습니다.

12-05 **Veo tu tarjeta.**
(나는) 너의 명함을 본다.

12-06 **Yo levanto a mis hijos.**
나는 나의 아이들을 일으킵니다.

12-07 **Me levanto temprano.**
(나는) 나를 일찍 일으킵니다.
(나는 일찍 일어납니다.)

12-08 **Me levanto a las siete.**
나는 7시에 일어납니다.

12-09 **Me lavo las manos.**
나는 손을 씻습니다.

12-10 **Se sienta aquí.**
그는 여기 앉습니다.

12-11 **Me acuesto a las once.**
나는 11시에 잡니다.

12-12 **Me gusta viajar.**
나는 여행을 좋아합니다.

12-13 **Nos gustan las bicicletas.**
우리는 자전거를 좋아합니다.

12-14 **¿Te gusta esquiar?**
너 스키 좋아하니?

12-15 **Sí, me gusta esquiar.**
응, 나 스키 좋아해.

12-16 **Me duele mucho el corazón.**
나는 마음이 너무 아픕니다.

12-17 **Me duelen los dientes.**
나는 이가 아픕니다.

12-18 **No me importa el resultado.**
나는 결과가 중요하지 않습니다.

12-19 **No le interesa ese asunto.**
그는 그 일에 관심 없습니다.

12+01 **¿Dónde está la farmacia más cercana?**
가장 가까운 약국은 어디 있습니까?

12+02 **Llámeme una ambulancia.**
구급차를 불러주세요.

12+03 **¿Puede llevarme al hospital más cercano?**
가장 가까운 병원으로 저를 데려다 주시겠습니까?

12+04 **Quiero reservar un chequeo médico.**
건강검진을 예약하고 싶습니다.

12+05 **¿Qué le duele?**
어디가 아프십니까?

12+06 **Me duele la cabeza.**
나는 머리가 아픕니다.

12+07 **Tengo mucha fiebre.**
(나는) 열이 많이 납니다.

12+08 **¿Tiene mareos?**
(당신은) 어지럽습니까?

12+09 **No puedo respirar bien.**
호흡을 잘할 수 없습니다.

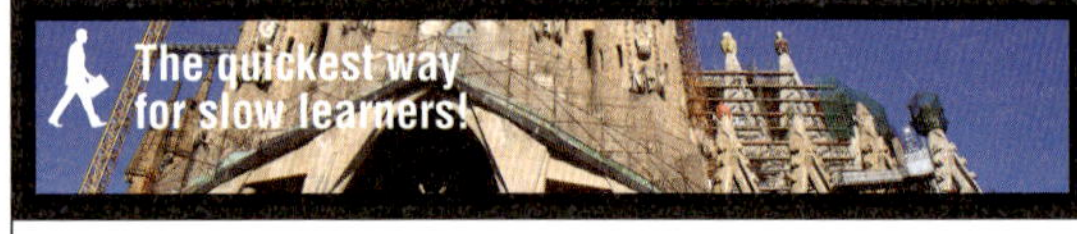

13.
Capítulo 13
스페인어의 전치사!
Voy a la piscina.
(나는) 수영장에 갑니다.

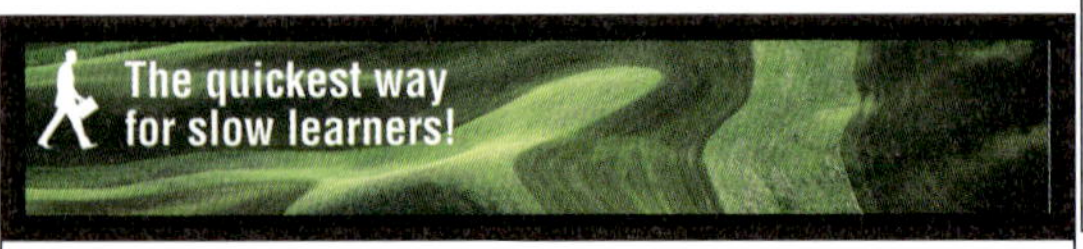

12+.
Capítulo 12+ Multi Plus
스페인어가 든든해지는 멀티플러스!

13-01 **Voy a la piscina.**
(나는) 수영장에 갑니다.

 Practical, Useful and Easy-To-Understand Lessons!

13-02 Él pasea con ella.
그는 그녀와 산책합니다.

13-03 Ella viene de Sevilla.
그녀는 세비야 출신입니다.

13-04 Ella trabaja desde las 2 hasta las 8.
그녀는 2시부터 8시까지 일합니다.

13-05 Él no duerme durante la clase.
그는 수업시간 동안 졸지 않습니다.

13-06 La cafetería está en el almacén.
카페는 백화점 안에 있습니다.

13-07 El parque está entre las escuelas.
학교들 사이에 공원이 있습니다.

13-08 Hago ejercicio para la salud.
(나는) 건강을 위해 운동합니다.

13-09 El tren pasa por el túnel.
기차가 터널을 통하여 갑니다.

**13-10 Según el pronóstico,
hace mucho calor mañana.**
일기예보에 따르면 내일은 매우 덥습니다.

**13-11 A pesar de la tormenta,
vamos a la escuela.**
폭풍우에도 불구하고, (우리들은) 학교에 갑니다.

13-12 Pienso antes de escribir.
쓰기 전에 생각합니다.

13-13 Tomo medicinas después de comer.
식사 후에 약을 먹습니다.

**13-14 Sobre todo,
ella habla bien español.**
특히 그녀는 스페인어를 아주 잘합니다.

**13-15 Gracias al aire-acondicionado,
no tengo calor.**
(나는) 에어컨 덕분에 덥지 않습니다.

13-16 Muchas gracias a ti.
(나는) 너에게 매우 고맙다.

13-17 Este coche es de mi profesor.
이 차는 나의 선생님의 것입니다.

13-18 El hombre piensa en ella.
그 남자는 그녀를 생각합니다.

13-19 Ella llora por él.
그녀가 그 때문에 웁니다.

13-20 Esta carta es para mí.
이 편지는 나에게 온 것입니다.

13-21 El perro está conmigo.
강아지는 나와 함께 있습니다.

13-22 El gato está contigo.
고양이는 너와 함께 있다.

**13+.
Capítulo 13+ Multi Plus**
스페인어가 든든해지는 멀티플러스!

**13+01 ¿Tiene una habitación para
dos personas?**
두 사람을 위한 방이 있습니까?

13+02 Quiero una habitación con vistas.
전망있는 방을 원합니다.

13+03 ¿A qué hora es el desayuno?
조식은 몇 시입니까?

13+04 ¿Puedo usar la piscina?
수영장을 사용할 수 있습니까?

13+05 ¿Cuánto cuesta por noche?
1박에 얼마입니까?

Practical, Useful and Easy-To-Understand Lessons!

13+06 **Perdón.**
실례합니다.

13+07 **Con permiso.**
실례합니다.

13+08 **¿Dónde está el cine?**
극장이 어디에 있습니까?

13+09 **Está en el centro.**
시내에 있습니다.

13+10 **¿Cómo puedo ir allí?**
그곳에 어떻게 갑니까?

13+11 **Puede llegar allí a pie.**
걸어서 그곳에 갈 수 있습니다.

13+12 **Tiene que coger un taxi / el autobús / el metro.**
택시/버스/전철을 타야합니다.

13+13 **Se tarda media hora.**
30분 걸립니다.

13+14 **Está enfrente del congreso.**
국회의사당 맞은 편에 있습니다.

13+15 **Está lejos / cerca de aquí.**
여기서 멀리 / 가까이 있습니다.

13+16 **Está detrás de este edificio.**
이 건물 뒤에 있습니다.

13+17 **Doble a la derecha / a la izquierda.**
오른쪽으로 / 왼쪽으로 꺾으세요.

13+18 **Siga todo recto.**
곧장 가세요.

13+19 **¡Qué simpático/-a!**
매우 친절하세요!

13+20 **Muchas gracias.**
대단히 감사합니다.

13+21 **De nada. ¡Buen viaje!**
별 말씀을요. 좋은 여행 되세요.

14.
Capítulo 14
스페인어의 의문사와 접속사 (1)
¿Cuándo empieza la clase?
수업은 언제 시작합니까?

14-01 **¿Cuándo empieza la clase?**
수업은 언제 시작합니까?

14-02 **Empieza a las 3.**
3시에 시작합니다.

14-03 **¿De dónde es usted?**
당신은 어디 출신이십니까?

14-04 **Soy de Corea.**
(나는) 한국 출신입니다.

14-05 **¿Adónde vais?**
(너희들은) 어디 가니?

14-06 **Vamos a la estación de tren.**
(우리는) 기차역에 가.

14-07 **¿Con quién vas a comer?**
누구와 함께 점심 먹으려고 하니?

14-08 **Voy a comer con mi novio.**
내 남자친구와 함께 점심을 먹으려고 합니다.

14-09 **¿Qué es esto / eso / aquello?**
이것/그것/저것은 무엇입니까?

14-10 **Es un juguete.**
장난감입니다.

14-11 **¿Cuál es tu nombre?**
너의 이름은 무엇이니?

14-12 Mi nombre es Clara.
내 이름은 끌라라야.

14-13 ¿Cómo estás?
어떻게 지내니?

14-14 Muy bien.
아주 잘 지내.

14-15 ¿Por qué no viene el autobús?
버스가 왜 안 옵니까?

14-16 Está estropeado.
고장이 났습니다.

14-17 ¿Cuántos alumnos hay en el campo?
운동장에 학생이 몇 명 있습니까?

14-18 Hay 3 alumnos.
학생 3명이 있습니다.

14-19 el español y el francés
스페인어와 프랑스어

14-20 Tengo dos libros y un cuaderno.
(나는) 책 두 권과 공책 한 권을 가지고 있습니다.

14-21 El español es difícil pero es muy interesante.
스페인어는 어렵지만 아주 재미있습니다.

14-22 Él es autor, pero ahora no escribe.
그는 작가이나, 지금은 글을 쓰지 않습니다.

14-23 Diego tiene 8 o 9 años.
디에고는 여덟 아니면 아홉 살입니다.

14-24 ¿Cuál es tu cartera? ¿La roja o la negra?
어떤 게 네 지갑이니? 빨간색 아니면 검정색?

14-25 No come ni duerme.
(그는) 먹지도 않고 자지도 않습니다.

14-26 No bebo ni fumo.
(나는) 술도 마시지 않고 담배도 피우지 않습니다.

14-27 Él no es abogado sino médico.
그는 변호사가 아니라 의사입니다.

14-28 No es allí, sino aquí.
저기가 아니고 여기입니다.

14+.
Capítulo 14+ Multi Plus
스페인어가 든든해지는 멀티플러스!

14+01 ¿Cómo?
뭐라구요? (상대방 말을 못 들었을 때)

14+02 ¿Cómo se dice esto en español?
이것을 스페인어로 어떻게 말합니까?

14+03 ¿Cómo puedo ir allí?
그곳에 어떻게 갑니까?

14+04 ¿Cómo está la comida?
요리가 (맛이) 어떻습니까?

14+05 ¿Cuántos son (Uds.)?
(당신들은) 몇 분이십니까?

14+06 ¿Cuánto tiempo se tarda?
시간이 얼마나 걸립니까?

14+07 ¿Cuánto cuesta?
얼마입니까?

14+08 ¿Cuántos trenes hay al día?
하루에 기차가 몇 대 있습니까?

14+09 ¿Cuándo llega el avión?
비행기가 언제 도착합니까?

14+10 ¿Cuándo abre el museo?
박물관이 언제 엽니까?

14+11 **¿Cuándo puedo hacer check-in?**
언제 체크인할 수 있습니까?

14+12 **¿Cuándo empieza el concierto?**
콘서트가 언제 시작합니까?

14+13 **¿Qué autobús va a la plaza?**
어떤 버스가 광장으로 갑니까?

14+14 **¿Qué tipo de habitación quiere?**
어떤 방 타입을 원하십니까?

14+15 **¿En qué estación tengo que bajarme?**
무슨 역에서 내려야 합니까?

14+16 **¿En qué planta está mi habitación?**
제 방이 몇 층에 있죠?

14+17 **¿Dónde puedo comprar la entrada?**
입장권을 어디서 살 수 있습니까?

14+18 **¿Adónde va este tren?**
이 기차가 어디로 갑니까?

14+19 **¿De dónde vienen Uds.?**
당신들은 어디서 왔습니까?

14+20 **¿Dónde estamos?**
여기가 어디죠? (우리가 어디에 있습니까?)

15.
Capítulo 15
스페인어의 접속사(2)와 관계사
La chica que está allí es mi hermana.
저기 있는 소녀는 나의 누나입니다.

15-01 **Pienso que eres inteligente.**
(나는) 네가 똑똑하다고 생각한다.

15-02 **Sabemos que él es un cantante muy famoso.**
(우리는) 그가 아주 유명한 가수라는 것을 압니다.

15-03 **No sé si ellos son de Argentina.**
그들이 아르헨티나 사람인지는 잘 모르겠습니다.

15-04 **Te pregunto si vienes a la reunión o no.**
너에게 모임에 오는지 마는지를 묻는 거야.

15-05 **Aunque no tengo mucho tiempo, voy al concierto.**
비록 시간이 많지는 않지만,
그래도 (나는) 콘서트에 갑니다.

15-06 **Aunque es una muchacha, cocina muy bien.**
(그녀는) 비록 소녀이지만 요리를 매우 잘합니다.

15-07 **El autobús no viene porque hay mucho tráfico.**
교통체증이 심해서 버스가 오지 않습니다.

15-08 **Estudio en casa porque tengo examen.**
시험이 있어서 집에서 공부합니다.

15-09 **Nieva mucho.**
Por eso no puedo conducir.
눈이 많이 옵니다.
그래서 (나는) 운전을 할 수 없습니다.

15-10 **Ella malgasta el dinero, por lo tanto siempre es pobre.**
그녀는 돈을 낭비합니다.
그래서 언제나 가난합니다.

15-11 **Como no tengo hambre, no como nada.**
(나는) 배가 고프지 않기 때문에
아무것도 먹지 않습니다.

15-12 **Como no quiero, no lo hago.**
(나는) 원치 않으므로 그것을 하지 않는다.

15-13 **La chica es mi hermana mayor.**
그 소녀는 나의 누나입니다.

15-14 La chica está allí.
그 소녀가 저기 있습니다.

15-15 La chica que está allí es mi hermana mayor.
저기 있는 그 소녀는 나의 누나입니다.

15-16 Aprendo español en una universidad.
(나는) 대학교에서 스페인어를 배웁니다.

15-17 Esa universidad está en Seúl.
그 대학교는 서울에 있습니다.

15-18 La universidad en la que aprendo español está en Seúl.
(내가) 스페인어를 배우는 그 대학교는
서울에 있습니다.

15-19 Yo visito a mi amiga.
나는 내 친구를 방문합니다.

15-20 Mi amiga está enferma.
내 친구는 아픕니다.

15-21 Visito a mi amiga, quien está enferma.
(내가) 방문하는 내 친구는 아픕니다.

15-22 Esa alumna es argentina.
그 학생은 아르헨티나 사람입니다.

15-23 Estudio español con ella.
(나는) 그녀와 함께 스페인어를 공부합니다.

15-24 Esa alumna con quien estudio español es argentina.
(내가) 함께 스페인어를 공부하는 그 학생은
아르헨티나 사람입니다.

15-25 Es la hora.
시간이 되었습니다.

15-26 Tenemos que terminar la clase en esta hora.
(우리는) 이 시간에 수업을 끝내야 합니다.

15-27 Es la hora cuando tenemos que terminar la clase.
(우리가) 수업을 끝내야 할 시간입니다.

15-28 Estamos en el museo ahora.
(우리들은) 지금 박물관에 있습니다.

15-29 Este museo es muy famoso.
이 박물관은 매우 유명합니다.

15-30 El museo donde estamos ahora es muy famoso.
(우리가) 지금 있는 이 박물관은 매우 유명합니다.

15-31 Estudio en la universidad.
(나는) 대학교에서 공부합니다.

15-32 Esa universidad es muy moderna.
그 대학은 매우 현대적입니다.

15-33 La universidad (en) donde estudio es muy moderna.
(내가) 공부하는 대학교는 매우 현대적입니다.

15+.
Capítulo 15+ Multi Plus
스페인어가 든든해지는 멀티플러스!

15+01 ¿Dónde está la estación de metro más cercana?
가장 가까운 지하철 역이 이디입니까?

15+02 ¿Qué línea tengo que tomar para ir a la plaza de Cibeles?
시벨레스 광장으로 가려면 몇 호선을 타야 합니까?

15+03 ¿Tengo que cambiar la línea?
환승해야 합니까?

15+04 El billete de 10 viajes, por favor.
10회 승차권 주세요.

15+05 ¿Dónde puedo conseguir el horario del tren?
기차시간표를 어디서 얻을 수 있습니까?

 Practical, Useful and Easy-To-Understand Lessons!

<table>
<tr><td>

15+06 — **¿Cuántos trenes hay para Toledo al día?**
똘레도로 가는 기차는 하루에 몇 대가 있습니까?

15+07 — **¿Dónde está la información?**
안내소는 어디에 있습니까?

15+08 — **¿Este tren va para Madrid?**
이 열차가 마드리드로 갑니까?

15+09 — **Ida y vuelta, por favor.**
왕복티켓으로 부탁합니다.

15+10 — **¿Está libre?**
빈 차입니까?

15+11 — **Lléveme a la Plaza del Sol.**
저를 솔 광장으로 데려다 주십시오.

15+12 — **Pare aquí, por favor.**
여기 세워 주십시오.

15+13 — **Guarde el cambio.**
잔돈은 가지세요.

</td><td>

16-04 — **Los estudiantes estudian escuchando la música.**
학생들이 음악을 들으면서 공부합니다.

16-05 — **¿Qué estás haciendo?**
(너는) 뭘 하고 있니?

16-06 — **Estoy haciendo los deberes.**
(나는) 숙제를 하고 있는 중입니다.

16-07 — **Los jóvenes están bebiendo cerveza.**
젊은이들이 맥주를 마시고 있습니다.

16-08 — **Ella está escribiendo una novela.**
그녀는 소설을 쓰고 있습니다.

16-09 — **Vamos caminando hacia casa.**
(우리들은) 집을 향해 계속 걸어가고 있습니다.

16-10 — **No puedo salir. Sigue lloviendo.**
(나는) 외출할 수 없습니다. 계속 비가 옵니다.

16-11 — **Ellos continúan estudiando español.**
그들은 계속해서 스페인어를 공부하고 있습니다.

16-12 — **Él lleva 10 años viviendo en Seúl.**
그는 서울에서 10년째 살고 있습니다.

16-13 — **Estudiando mucho español, puedes ir a España.**
(너는) 스페인어를 열심히 공부하면, 스페인에 갈 수 있다.

16-14 — **Estando contigo, no tengo miedo.**
너와 함께 있으면 (나는) 두렵지 않다.

16-15 — **Siendo pobre, ella quiere comprar un coche.**
그녀는 가난하면서도 차를 사기를 원한다.

16-16 — **Lloviendo mucho, voy a la escuela.**
비가 많이 올지라도 (나는) 학교에 간다.

16-17 — **Tu hermana es muy guapa.**
너의 누나는 아주 예쁘다.

</td></tr>
</table>

16.
Capítulo 16
스페인어의 현재분사와 부사!
¿Qué estás haciendo?
(너는) 뭘 하고 있니?

16-01 — **Ella canta tocando el piano.**
그녀는 피아노를 치면서 노래합니다.

16-02 — **Mi mamá descansa viendo la televisión.**
나의 엄마는 텔레비전을 보면서 쉽니다.

16-03 — **Las chicas leen libros tomando el sol.**
소녀들이 일광욕을 하면서 책을 읽습니다.

Practical, Useful and Easy-To-Understand Lessons!

16-18 El cantante canta bien.
그 가수는 노래를 잘 합니다.

16-19 Ella habla claramente.
그녀는 명확하게 말합니다.

16-20 Pienso positivamente.
(나는) 긍정적으로 생각합니다.

16-21 Tenemos dificultad económicamente.
(우리는) 경제적으로 어려움을 가지고 있습니다.

16+.
Capítulo 16+ Multi Plus
스페인어가 든든해지는 멀티플러스!

16+01 ¿Dónde está el almacén?
백화점이 어디에 있습니까?

16+02 ¿Dónde está la sección de ropa?
의류 코너는 어디입니까?

16+03 Estoy mirando simplemente.
단지 보고 있는 중입니다.

16+04 Estoy buscando un vestido.
원피스를 하나 찾고 있습니다.

16+05 ¿Puedo probarme este vestido?
이 원피스를 입어볼 수 있을까요?

16+06 ¿Dónde está el probador?
피팅룸이 어디 있습니까?

16+07 ¡Me gusta mucho!
아주 마음에 듭니다.

16+08 No me gusta.
마음에 들지 않습니다.

16+09 ¿Me queda bien?
제게 잘 어울리나요?

16+10 Me queda grande.
제게 큽니다.

16+11 ¿Tiene la talla más pequeña?
더 작은 사이즈가 있습니까?

16+12 ¿Cuál es su talla?
당신 사이즈가 무엇입니까?

16+13 Voy a llevarlo.
그것으로 하겠습니다.

16+14 ¿Hay una oferta especial?
특별할인이 있나요?

16+15 ¿Se puede envolver?
포장됩니까?

16+16 ¿Cuánto es todo?
전부 얼마입니까?

16+17 Tres más seis son nueve.
3 더하기 6은 9.

16+18 Seis menos tres son tres.
6 빼기 3은 3.

16+19 Siete más ocho son quince.
7 더하기 8은 15

16+20 Quince menos cinco son diez.
15 빼기 5는 10.

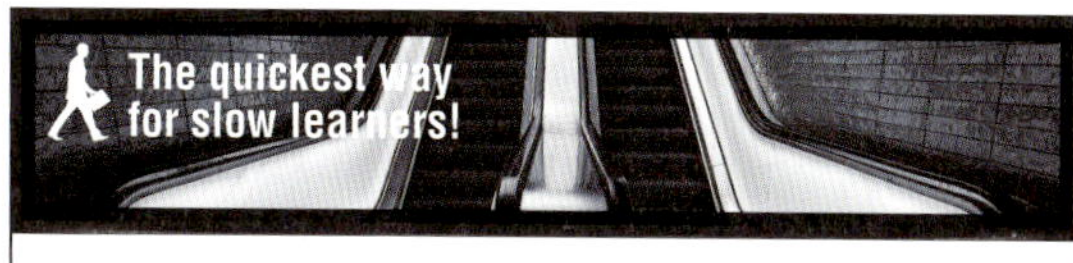

17.
Capítulo 17
스페인어의 과거분사와 현재완료!
Hemos estado en Madrid.
(우리는) 마드리드에 있었습니다.

17-01 **La habitación bien ordenada**
잘 정돈된 방

17-02 **Ella es una persona muy abierta.**
그녀는 매우 개방적인 사람입니다.

17-03 **El médico está cansado.**
그 의사는 피곤해 있다.

17-04 **La puerta es cerrada por el viento.**
문이 바람에 의해 닫힙니다.

17-05 **Los libros son llevados por un alumno.**
책들은 한 학생에 의해 옮겨집니다.

17-06 **El vaso está roto.**
컵이 깨져있습니다.

17-07 **La fiesta está bien preparada.**
파티는 잘 준비되어 있습니다.

17-08 **El tren ha partido.**
기차가 (방금) 떠났습니다.

17-09 **Hemos estado en Madrid.**
(우리는) 마드리드에 있었습니다.

17-10 **Ya han aprendido el español 2 años.**
벌써 (여러분은) 스페인어를 2년 배웠습니다.

17-11 **Esta tarde he ido al museo.**
(나는) 오늘 오후에 박물관에 갔습니다.

17-12 **¿Has desayunado hoy?**
(너는) 오늘 아침식사 했니?

17-13 **Hemos visitado China 3 veces este año.**
(우리는) 이번 해에 중국을 3번 방문했습니다.

17+.
Capítulo 17+ Multi Plus
스페인어가 든든해지는 멀티플러스!

17+01 **(Yo) He aprendido español.**
(나는) 스페인어를 배웠습니다.

17+02 **(Yo) He sido estudiante.**
(나는) 학생이었습니다.

17+03 **¿Has sido español?**
(너는) 스페인 사람이었니?

17+04 **Mi novio me ha regalado una rosa.**
내 남자친구는 나에게 장미 한 송이를
선물했습니다.

17+05 **Ha habido unos alumnos en la clase.**
교실에 몇몇의 학생들이 있었습니다.

17+06 **Hemos entendido español.**
(우리들은) 스페인어를 이해했습니다.

17+07 **¿Has podido ayudarme?**
나를 좀 도와줄 수 있었니?

17+08 **He sabido tocar el piano.**
(나는) 피아노를 칠 줄 알았습니다.

17+09 **He ido a la piscina.**
(나는) 수영장에 갔습니다.

17+10 **¿Cuándo ha empezado la clase?**
언제 수업이 시작했었니?

17+11 **¿Qué has hecho?**
(너는) 뭐 했니?

Practical, **Useful** and **Easy-To-Understand** Lessons!

18.
Capítulo 18
스페인어의 단순과거와 불완료과거!
Yo lloré viendo la película.
나는 영화를 보면서 울었습니다.

18-01 **Yo lloré viendo la película.**
나는 영화를 보면서 울었습니다.

18-02 **Mis amigos estuvieron allí.**
내 친구들이 저기에 있었습니다.

18-03 **¿Adónde fuiste hoy?**
(너는) 오늘 어디에 갔었니?

18-04 **Ella vivió 5 meses en Barcelona.**
그녀는 바르셀로나에서 5개월간 살았습니다.

18-05 **Mi abuelo fumó durante 30 años.**
나의 할아버지는 30년 동안 흡연했습니다.

18-06 **Visitó Corea durante 10 días.**
(그는) 10일 동안 한국을 방문했습니다.

18-07 **Estudiaba español todo el día.**
(나는) 하루 종일 스페인어 공부를 하고 있었다.

18-08 **Cuando yo era pequeña, tenía muchos amigos.**
나는 어렸을 때 친구가 많았다.

18-09 **Ella iba a pie a la universidad.**
그녀는 대학교에 걸어가곤 했습니다.

18-10 **Eran las seis de la tarde.**
오후 6시였다.

18-11 **El año pasado hacía mucho frío.**
작년에는 날씨가 매우 추웠다.

18-12 **En la calle, mucha gente caminaba.**
거리에는 많은 사람들이 걷고 있었다.

18-13 **Mientras estábamos en Barcelona, aprendimos español en una academia.**
(우리는) 바르셀로나에 있는 동안,
한 학원에서 스페인어를 배웠습니다.

18-14 **Cuando llegó a casa mi mamá, yo veía la TV.**
나의 엄마가 집에 도착하셨을 때,
나는 TV를 보고 있었습니다.

18+.
Capítulo 18+ Multi Plus
스페인어가 든든해지는 멀티플러스!

18+01 **¡Hola! ¿Qué tal?**
안녕! 어떻게 지내?

18+02 **Bien, gracias.**
잘 지내, 고마워.

18+03 **Mi nombre es Clara.**
내 이름은 끌라라야.

18+04 **¡Amigo!**
친구!

18+05 **¡Hermanito!**
브라더!

18+06 **¿Dónde está tu universidad?**
너의 대학이 어디에 있니?

18+07 **¿Qué estudias en la universidad?**
대학에서 무엇을 공부하니?

18+08 **¿Vives cerca de aquí?**
여기서 가까이 사니?

18+09 **¿Naciste en España?**
스페인에서 태어났니?

 Practical, Useful and Easy-To-Understand Lessons!

18+10   **¿Cuántos años tienes?**
(너) 몇 살이니?

18+11   **¿Cuándo es tu cumpleaños?**
네 생일이 언제니?

18+12   **¿Qué te gusta hacer?**
뭐 하는 것을 좋아하니?

18+13   **¿Te gusta hacer deporte?**
스포츠 하는 것을 좋아하니?

18+14   **¿Tienes hermanos?**
형제가 있니?

18+15   **Quiero invitarte a mi casa.**
(너를) 우리 집에 초대하고 싶어.

18+16   **Voy a llamarte esta noche.**
오늘 밤에 전화할게.

18+17   **¿Tienes facebook?**
(너) 페이스북 있니?

18+18   **Voy a agregarte en la lista de amigos.**
친구목록에 (너를) 추가할게.

19.
Capítulo 19
스페인어의 비교급!
Tú eres más bonita que yo.
너는 나보다 예쁘다.

19-01   **Tú eres más bonita que yo.**
너는 나보다 예쁘다.

19-02   **Tengo más dinero que él.**
(나는) 그보다 더 많은 돈을 가지고 있습니다.

19-03   **Mi amigo corre más rápido que yo.**
내 친구는 나보다 더 빨리 뜁니다.

19-04   **Corea es menos grande que España.**
한국은 스페인보다 덜 큽니다.

19-05   **Ella gasta menos dinero que yo.**
그녀는 나보다 돈을 덜 씁니다.

19-06   **Mi mamá duerme menos que yo.**
우리 엄마는 나보다 잠을 덜 잡니다.

19-07   **Tengo tanta hambre como tú.**
(나는) 너만큼이나 배가 고프다.

19-08   **Él es tan alto como su padre.**
그는 그의 어버지만큼 키가 큽니다.

19-09   **Ella es tan amable como su madre.**
그녀는 그녀의 어머니만큼 상냥합니다.

19-10   **Carlos es el más inteligente en esta clase.**
까를로스는 이 교실에서 가장 총명합니다.

19-11   **Este hotel es el más viejo del mundo.**
이 호텔은 세계에서 가장 오래됐습니다.

19-12   **Seúl es la ciudad más famosa en Corea.**
서울은 대한민국에서 가장 유명한 도시입니다.

19-13   **Se abre la puerta.**
문이 열립니다.

19-14   **En esta librería se venden muchos libros.**
이 서점에서는 책이 많이 팔립니다.

19-15   **Se come mucho Kimchi en Corea.**
한국에서는 사람들이 김치를 많이 먹습니다.

19-16   **Se dice que este edificio es demasiado viejo.**
사람들은 이 건물이 너무 낡았다고 말합니다.

19-17	**Mis padres se aman profundamente.** 우리 부모님은 서로 깊게 사랑합니다.
19-18	**Los dos mayores se respetan.** 그 두 어르신은 서로 존경합니다.
19-19	**Me comí toda la carne.** 나는 모든 고기를 먹어버렸다.
19-20	**Él se fue repentinamente.** 그가 갑자기 가버렸다.

The quickest way for slow learners!

19+.
Capítulo 19+ Multi Plus
스페인어가 든든해지는 멀티플러스!

19+01	**¡Hola! ¿Cómo estás?** 안녕! 어떻게 지내?
19+02	**Hace un día hermoso.** 아름다운 날씨야.
19+03	**¿Qué haces aquí?** 여기서 뭐 하니?
19+04	**¿Esperas a alguien?** 누구를 기다리니?
19+05	**¿Cómo se dice 'hello' en español?** '헬로'를 스페인어로 어떻게 말해?
19+06	**Me llamo Carlos. ¿Y tú?** 나는 까를로스야. 너는?
19+07	**Soy de España.** (나는) 스페인에서 왔어.
19+08	**¿De dónde eres?** (너는) 어디 출신이니?
19+09	**¿Eres coreana?** 한국인이니?
19+10	**¿Estudias o trabajas?** 학생이니 아니면 일을 하니?
19+11	**¿Cuál es tu hobby?** 너의 취미가 뭐니?
19+12	**¿Tienes novio/-a?** 남자/여자친구 있니?
19+13	**¿Estás libre esta noche?** 오늘 저녁에 한가하니?
19+14	**¿Quieres salir conmigo?** 나랑 데이트 할래?
19+15	**¿Quieres ir al cine conmigo?** 나랑 영화관 갈래?
19+16	**Muy encantado/-a por conocerte.** (너를) 알게 되어서 너무 반가워.
19+17	**He estado contento/-a contigo.** 너와 함께 즐거웠어.
19+18	**¿Puedes darme tu número de móvil?** 네 휴대폰 번호 좀 줄 수 있니?
19+19	**¡Vamos a vernos este fin de semana!** 이번 주말에 만나자!
19+20	**Hasta pronto.** 곧 만나자.

20.
Capítulo 20
스페인어의 미래와 미래완료시제!
El equipo coreano ganará el partido.
한국 팀이 경기를 이길 겁니다.

20-01　**Nunca hablaré contigo.**
너랑은 절대 말하지 않을 거야.

20-02　**Mañana comeremos en el restaurante italiano.**
내일 (우리는) 이탈리안 식당에서 식사할 것입니다.

20-03　**Mis hijos vendrán por la mañana.**
나의 자녀들은 아침에 올 것입니다.

20-04　**El equipo coreano ganará el partido.**
한국 팀이 경기를 이길 겁니다.

20-05　**No habrá nadie en casa.**
집에 아무도 없을 겁니다.

20-06　**Su hija tendrá 20 años.**
그의 딸은 20세일 겁니다.

20-07　**Tú lo harás ahora mismo.**
너는 지금 당장 그것을 해라!

20-08　**No saldrás de casa.**
(너는) 집에서 나가지 마라!

20-09　**No llegarás tarde a la próxima clase.**
(너는) 다음 수업에 늦지 마라!

20-10　**El avión partirá para Madrid.**
마드리드 행 비행기가 출발할 것입니다.

20-11　**El avión ya habrá partido para Madrid.**
마드리드 행 비행기는 이미 출발했을 것입니다.

20-12　**Mi jefe volverá antes de las 8.**
나의 상사는 8시 전에 돌아올 것이다.

20-13　**Mi jefe habrá vuelto antes de las 8.**
나의 상사는 8시 전에 돌아와 있을 것이다.

20+.
Capítulo 20+ Multi Plus
스페인어가 든든해지는 멀티플러스!

20+01　**¿Adónde viaja?**
어디로 여행가십니까?

20+02　**¿Tiene ticket electrónico?**
전자티켓을 가지고 계십니까?

20+03　**¿Quiere registrar su equipaje?**
짐을 부치길 원하십니까?

20+04　**¿Tiene equipaje de mano?**
(기내용-) 손가방을 가지고 계십니까?

20+05　**Su pasaporte, por favor.**
당신의 여권을 보여주시겠습니까?

20+06　**Aquí está.**
여기 있습니다.

20+07　**¿Cuál es el objeto de su visita?**
당신의 방문 목적은 무엇입니까?

20+08　**Turismo.**
관광입니다.

20+09　**Negocios.**
비즈니스입니다.

Practical, Useful and Easy-To-Understand Lessons!